趣味 小字林

孔庆泰 / 编著

这本小书以《趣味小字林》为名，既适合文字研究者参考，也适合具有一定程度的学人阅读，是一个一生在档案馆内与文史打交道的已年过八旬的退休老人多年积集整理而成的心血之作，自问能给世人增添点中华文化、文字方面的知识，特不揣简陋，贡献出来，与众分享，尚望方家有以教之。

内蒙古人民出版社

图书在版编目(CIP)数据

趣味小字林 / 孔庆泰编著. -- 呼和浩特：内蒙古人民出版社，2022.5

ISBN 978-7-204-17179-8

Ⅰ. ①趣… Ⅱ. ①孔… Ⅲ. ①汉字-基本知识 Ⅳ. ①H12

中国版本图书馆 CIP 数据核字(2022)第 062171 号

趣味小字林

作　　者	孔庆泰
选题策划	乌苏伊拉　张　强
责任编辑	王　静
封面设计	安立新
出版发行	内蒙古人民出版社
地　　址	呼和浩特市新城区中山东路 8 号波士名人国际 B 座 5 楼
网　　址	http://www.impph.cn
印　　刷	内蒙古爱信达教育印务有限责任公司
开　　本	880mm×1230mm　1/32
印　　张	7.375
字　　数	125 千
版　　次	2022 年 5 月第 1 版
印　　次	2023 年 6 月第 1 次印刷
书　　号	ISBN 978-7-204-17179-8
定　　价	16.00 元

如发现印装质量问题，请与我社联系。

联系电话：(0471)3946120

编者的话

这本小书以《趣味小字林》为名，既适合文字研究者参考，也适合具有一定程度的学人阅读，是一个一生在档案馆内与文史打交道的已年过八旬的退休老人多年积集整理而成的心血之作，自问能给世人增添点中华文化、文字方面的知识，特不揣简陋，贡献出来，与众分享，尚望方家有以教之。

本小书含下列两部分内容：（一）由 243 个独体字衍生出的 388 个合体字；（二）字典中标明的 2,788 个古今中华姓氏。

第一部分的 243 个独体字绝大部分都是人人熟知的常用字，而由它们以单体并列、单体重叠、三体并列、三体一上二下两层相叠、三体二上一下两层相叠、四体二上二下两层相叠、五体上二中一下二三层相叠、六体上三下三两层相叠等方式构成（或曰"衍生"）的合体字，则未必人人皆识、会读并能解其义，编者正是以此为切入点，着意搜集、编排，从中获益、得乐不少，愿以此与众分享。

这243个独体字中的207个采自《汉语大字典》（收字60370个，汉语大字典编纂委员会编，四川辞书出版社、湖北人民出版社1999年9月第1版，新华书店发行）；另一部分的40个独体字采自《中华字海》（收字85568个，冷玉龙、韦一心等编撰，中华书局、中华友谊出版公司出版、发行，1994年9月第1版，1996年4月第2次印刷）。由这243个独体字衍生出的合体字共计385个，其中相当一部分是我们难得一见的难识、难读、难明其意者（至今上述两部字典中仍以"义未详""音义未详"或"音待考"标明，有望后人）。

中国本就幅员辽阔、民族众多，一些地域性的用字如在陕西咸阳的方言用字、著名小吃的"邉邉"面，该"邉"字两字典均未有载，在苏南方言中常用的"覛"字，《汉语大字典》未载，如此等等。可见要想收集齐、全中华汉字是多么困难的事。

把中华文化比作一棵枝繁叶茂、花团锦簇、根深千里的万年古树，我们个人的知识只不过是其一枝一叶甚至一片花瓣的粗浅了解而已！唯有积亿万人之力，尽亿万年之功，方能窥其全貌之一斑！在此历史长河、万众奔流中，各人都尽一点微薄之力，兴许也称得上是一点贡献吧!

编者是如此想的,也在如此努力着。《趣味小字林》的积集就是一个尝试。

※　　　※　　　※　　　※

能以不同的组合方式构成新的合体字的独体字计为 243 个,按各字之起笔顺次"一"、"丨"、"丿"、"丶"、"乛"排列如下:

"一"部有:二、十、卄、廿、干、工、土、士、亘、王、玉、木、天、夫、大、兀、井、市、太、犬、歹、先、牙、戈、示、古、尢、可、左、石、耳、束、百、而、至、克、来、車(车)、臣、豕、直、某、東(东)、來(来)、奇、昔、春、某、畐、面、頁(页)、秦、鬲、真、夏、原、區(区)、堯(尧)、辜、雲(云)、雷、南、其、貢(贡)、老、若、苟、菜、不,共 69 字。

"丨"部有:上、山、出、口、巾、止、日、号、目、兄、田、甲、申、且、因、囚、同、虫、网(同"罒")、呈、呆、貝(贝)、見(见)、串、邑、足、男、虎、明、易、果、卤、禺、骨、幽、齒、(齿)、興(兴)、馬(马)、岩、崇、帛、虫、昌,共 43 字。

"丿"部有:人、入、八、千、个、夕、凡、牛、手(同"扌")、毛、片、斤、爪、瓜、月、爻、介、分、欠、生、禾、白、句、用、舌、先、竹、辰、重、妥、余、秉、垂(乖)、隹、炙、兔、舍、金、香、泉、臾、風(风)、隻(只)、倉(仓)、鳥(鸟)、魚

（鱼）、黍、僉（金）、垩、谷、含、臼，共52字。

"丶"部有：火（灬）、户、心、市、立、玄、羊、米、言、辛、启、享、宜（同"宐、宜"）、空、音、商、首、羑、羌、客、啬、竞、羔（同"美"）、盖、鹿、竟、寒、龍（龙）、高、康、塵（尘）、道、容，共33字。

"乛"部有：乙、马、刀（刂）、力、巳、又、了、厶、小、屮、飞、彐、己、弓、尸、女、子、幺、巛、比、水、予、尹、母、屌、矛、牟、糸、乑、門（门）、隶、帚、飛（飞）、眞（真）、巢、录、卩、卪、弖、弓、巴、也、希、刁、巜、鬲，共46字。

由上列某一个独体字以两体并列方式构成的合体字164个，如下所列：卅、开、炏、卅、玨、珏、珏、卅、林、枾、狀、奻、烎、羿、祢、苗、赽、砳、聑、棘、皕、㹂、競、㰫、輔、臸、豭、蕻、棘、棶、觭、皕、䢼、畕、䶃、頔、䨩、䪻、甌、競、䡐、皕、頁、耄、願、狄、环、芀、上、屾、吅、圵、昍、哭、朙、兟、䢼、蚰、罡、槑、䞻、覞、豐、䶹、踻、朋、麤、賜、騳、鸎、粿、骬、齒、屮、崜、耑、帅、屾、畾；从、从、仟、夘、牪、扗、卌、所、朋、焱、㰉、牪、秝、甶、㽸、䶗、舙、烑、㳂、秝、雔、猋、犇、飍、雙、馣、竹、裕、鎉、炒、炉、忡、竝、兹、粖、誩、辡、刷、算、窟、誩、觭、菛、㸋、㗊、琵、競、䶉、賺、㝁；乙、刅（刂）、劦、朋、双、厸、艸、弜、奻、孖、丝、烑、孖、卿、屏、矜、牪、絲（丝）、畾、棘、雦、頏（同"顚"）、淼、纞（孨）、吅、卯、弜、弓、邑、纞、尸、絲。

　　由上列某一个独体字以两体上下相叠方式构成的合体字49个，如下所列：三、圭、夰、兂、戋（戈）、哥、棗（枣）、鬲、秦、至、畾、出、日、帅、止、囲、串、朙、幽、南、馬、仌、从、多、牟、分、粂、畕、冀、炎、户、喜、弓、受、公、飞、彐、吕、尸、妾、巛、比、母、弓、皀、巛。

　　由上列243个独体字中以三字并列方式构成的合体字16个，如下所列：瑟、砅、瀰；馬馬、川川、覼；舙、蘱（龘）、仏、从；雦；誩；羽、孖、林。

　　由上列某一个独体字以三体一上二下相叠方式构成的合体字100个，如下所列：卉（卅）、垚、㘴、㐂、森、众、犬、尭、哥、磊、聶（聂）、㗊、轟（轰）、蟲、面面、頁頁、秦秦、夏夏、厵、雲雲、靐、大大、考、其其、真真；㞢、岩、品、趾、晶、晶、皕、甲甲、蟲（虫）、囡囡、皿皿、鼠鼠、足足、果果、卤卤、興興、馬馬、車車；众、仐、林、犇、弄、毳、爪爪、朋、宍、㳄、畠、肼、磊、竹、妥妥、㐺（㐺㐺）、雦、兔兔、金金、鑫、含含、蕎、驫、鳳、魚魚；焱、惢、喜、市市、高高、毐、麤（鹿鹿鹿）、塵塵、羴、盍盍、羔羔、宜宜（宜宜宜宜）、寒寒、空空、客客、鳥鳥、首首、龍龍、道道；劦、茄、品、叒、了了、厽、艸、姦、孨、鬥、羽羽、飛飛飛。

　　由上列某一个独体字以单体上中下三层相叠方式构成的合体字2个，如下所列：咠、枭。

　　由上列某一个独体字以单体上二并列下一托底方式构成的合体字3个，如下所列：棥、棻、姿。

　　由上列某一个独体字以左一右二（上下相叠）并列

方式构成的合体字 2 个,如下所列:伙、燚。

由上列某一个独体字以四体上二下二并列双层相叠方式构成的合体字 37 个,如下所列:珏、叕、磊、棶、轋、舂、雲、靁、直、毳、若、匂;品、甽、甲、且、囚、因、果、興;从、牛、朋、先、㣔、金、泉、鳳、魚;燚、言、龖;叕、林、舛、水、門。

由上列某一个独体字四体上一中二(并列)下一三层相叠方式构成的合体字 4 个,如下所列:皇、桑、㘴、呂。

由上列某一个独体字五体以上二(并列)下二(并列)中一三层相叠方式构成的合体字 1 个,如下所列:器。

由上列某一个独体字五体以上二(并列)中一下二(并列)三层相叠方式构成的合体字 1 个,如下所列:棥。

由上列某一个独体字六体以上二并列下四并列两层相叠方式构成的合体字 1 个,如下所列:晶

由上列某一个独体字六体以上三(并列)下三(并列)两层相叠方式构成的合体字 1 个,如下所列:晶,以上二(并列)中二(上下各一)下二(并列)四层相叠组成构成的合体字有一个:器。

由上列某一个独体字八体以上四(并列)下四(并

列)两层相叠方式构成的合体字 1 个,如下所列:㗊。

由上列某一个独体字以特殊方式构成的合体字 3 个,如下所列:卄、卅、閊。

※　　　　※　　　　※　　　　※　　　　※

对上列 243 个独体字本字(已有明定的简化字的,均依法定简体标注于本字之后或之下,类推简化字不取)之不同读音及其所有意项一字不落地全文照录,既是对《汉语大字典》与《中华字海》两部大型字书编纂者历经多年用心血铸就的成果的尊重与谢忱,更是基于对诸多释义中所含之特有的历史价值与其稀有性的真诚挚爱,她们均属在一般字书释义中很难寻觅得见的!试以下列各例证其一斑:

(一)有关中华民俗方面的:

1."耳"字的第二读音 réng"[耳孙]古称从本身下数到八世孙'耳孙'"(亦作"仍孙");"来"字的第 19 项释义为:"从本身算起的第六代孙(在中国民俗中,祖制称呼一般写至自己上下各九代:上九代称:鼻祖、远祖、太祖、烈祖、天祖、高祖、曾祖、祖父、父亲;下九代称:儿子、孙子、曾孙、玄孙、来孙、弟孙、乃孙、云孙、耳(réng)孙。)"

2."東(今作"东")"的第 3 项释义为:"主人。古时主位在东,宾位在西,所以主人称东。如:房东、股东。"

3."大"字的第9项释义为:"古代下一辈对上一辈的称呼所加的字,如称祖父为'大父',称祖母为'大母'。"

4."犬"字的第2项释义为:"谦称。a.旧时臣下对君上的谦称。b.称自己的儿子。"

(二)有关中华度量衡方面的:

1."黍"字的第4项释义为:"古时建立度量衡的依据。《孙子算经》:"'称之所起,起于黍,十黍为一絫(lěi,"累"的古字),十絫为一铢'("铢",古衡制单位,一两的二十四分之一为一铢)。①重一百黍为一铢。《汉书》:"一龠(yuè,"籥"的古字)容千二百黍,重十二铢。")。②重一百四十四粟为一铢。《淮南子》:"十二粟而当一分,十二分而当一铢。")。

2."圭"字的第4项释义为:古代重量单位。刘昭引《说苑》:"十撮重一圭,十圭重一铢,二十四铢重一两,十六两重一斤。"

3."分"字的第13项释义为:"量词。长度,尺的百分之一;弧或角度,度的六十分之一;利率,年利的十分之一,月利的百分之一;辅币:元的百分之一。"

4."弓"字的第5项释义为:"丈量土地的器具,用木制成,形状似弓,两端距离是五尺,也叫'步弓'。"第6项释义为:"量词。丈量土地的计算单位。相当于'步'。旧指五尺为一弓,三百六十弓为一里,二百四十方弓为一亩。古制则以六尺或八尺为一弓,三百弓为一里。"

5."丝"字的第8项释义为:"量词。一种计算长度、容量和重量的微小单位。千分之一分为一丝。《孙子算经》:"蚕吐丝为忽,十忽为一丝。"

6."秉"字的第2项释义为:"量词。古代计量单位。十六斛为一秉。(南宋以前十斗为一斛,南宋末改做五斗为一斛)"。

(三)有关古代货币方面的:

1."朋"字的第1项释义为:"古代货币单位。五贝为一朋(一说两贝为一朋)。"

2."手"字的第13项释义为:"云南少数民族地区货币计算单位。李时珍:'今贝独云南用之,呼为'海贝巴',以一为庄,四庄为手,四手为苗,五苗为索。'"

(四)有关古代音律方面的:

1."木"字的第6项释义为:"古代八音之一,指柷、敔等一类木制乐器。"

2."金"字的第7项释义为:"八音之一,指钲、钟一类金属打击乐器。《周礼》:'皆播之以八音:金、石、土、革、丝、木、匏、竹。’”

3.“凡”字的第 6 项释义为：“工尺谱记音符号之一，标识音阶上的一级（《辽史》：‘各调之中，度曲协音，齐声凡十，曰：五、凡、工、尺、上、一、四、六、勾、合。’）。”

（五）有关行政区划方面的：“门”字的第 12 项释义为：“太平天国县与乡之间的行政区划单位。《太平天国史料》：‘（某）省（某）郡（某）县（某）门（某）乡,距城（若干）里……’。”

（六）有关“克”在藏族地区应用于计重、计量、计地积多种用途的：

“克”字的第 13 项释义为：藏族地区的一种计量单位，如：称酥油的克，一克约为 6—8 市斤；藏族地区的一种量器，与市斗相似，各地大小不一，一斗约为二十五至二十八市斤；藏族地区计算耕地面积的单位，一克地就是可以播种一克（斗）种子的地，约相当于一市亩。

如此等等，不再赘述。这样一些小知识，若能读来尚觉有趣，还可在各释义中觅出更多。果若如此，也就不枉一个八旬老人集此成篇、成书，贡献于世人的丁点分享之乐了！

　　※　　　　※　　　　※　　　　※　　　　※

第二部分收集姓氏 3,027 个（内含单姓 2,960 个，多字姓 167 个)。2,960 个单姓内有 31 个是不明读音的。在明其读音的 2,929 个单姓内有一字二音别为二姓者计 51 个、一字三音别为三姓者计 2 个。兹按音序所设各部各含姓氏与读音等项分述如下：

A 部有姓 18 个。

B 部有姓 130 个，内有一字二音别为二姓者 3：柏 běi(bí)、庳 bēi(bì)、贲 bēn(féi)；标注释于姓之右下角者 1：蹦①bèng。

C 部有姓 153 个，由有同字异形者 1：冲（沖）chōng；一字二音别为二姓者 1：迟 chí(chì)；标注释于姓之右下角者 1：操②。

D 部有姓 119 个，内有一字二音别为二姓者 2：敌 dí(dǐ)、翟 dí(zhǎi)；一字三音别为三姓者 1：杜 dǔ(dù、tǔ)；标注释于姓之右下角者 1：毒③。

E 部有姓 21 个，内有一字二音别为二姓者 1：妸 ē(ě)。

F 部有姓 83 个，内有同字异形者 1：㹃（㹃）fèi；一字二音别为二姓者 1：宓 fú(mì)。

G 部有姓 129 个，内有同字异形者 3：槩（概）gài、皋（皐）gāo、顾（顧）gù；一字二音别为二姓者 2：葛 gē(gě)、乔 guì(qiáo)；标注释于姓之右下角者 1：皋④。

H 部有姓 144 个，一字二音别为二姓者 7：轩 hǎn

11

（xuān）、佫 hé（hè）、夜 hēi（yè）、𪒠 hú（lěng）、琥 hú（hǔ）、还 huān（xuān）、郇 huān（huán）。

J 部有姓 236 个，内有同字异形者 4：鑑（鉴）jiàn、逈（迥）jiǒng、廄（厩）jiù、隽（雋）juàn；一字二音别为二姓者 4：姞 jī（jì）、开 jiān（qiān）、肩 jiān（jiǎn）、敫 jiāo（jiǎo）；标注释于姓之右下角者 2：稽⑥jī、鞠⑦jū。

K 部有姓 67 个，内有同字异形者 1：况（況）；一字二音别为二姓者 1：适 kuò（guā）。

L 部有姓 184 个，内有同字异形者 2：犁（犂）lí、霎 1（零）líng；一字二音别为二姓者 3：乐 lè（yuè）、楼 lóu（lǚ）、偻 lóu（lǚ）。

M 部有姓 96 个，内有同字异形者 1：嫚（嬠）màn；一字二音别为二姓者 2：祕 mì（bì）、咩 mì（mǐ）；一字三音别为三姓者 1：佴 mài（mí、nài）；标注于姓之右下角者 1：骉⑧mǎng。

N 部有姓 51 个，一字二音别为二姓者 1：那 nā（nuó）。

O 部有姓 9 个。

P 部有姓 76 个，内有同字异形者 4：龙（庞）páng、豾（裴）pēi、盆（瓫）pén、丕（㔻）pī；一字二音别为二姓者 1：朴 piáo（pú）。

Q 部有姓 129 个，内有同字异形者 2：强（彊）

qiáng、鹊（鵲）què；一字二音别为二姓者2：器qī（qì）、覃qín（tán）；标注于姓之右下角者1：渠⑨qú。

R部有姓50个，内有标注于姓之右下角者1：蚺⑩rǎn。

S部有姓239个，内有同字异形者4：似（佀）sì、单（單、亶）shàn、莘（詵）shěn、树（樹）shù；一字二音别为二姓者8：塞sāi（sè）、上shǎng（shàng）、少shǎo（shào）、姺shēn（xiǎn）、什shēn（shí）、提shí（tí）、谁shuí（shéi）、说shuì（yuè）。

T部有姓91个，内有同字异形者2：鄿（谭）tán、涂（塗）tú；一字二音别为二姓者3：台tái（yí）、镡tán（xín）、脱tù（tuō）；标注于姓之右下角者1：砼⑪tōng。

W部有姓96个，内有同字异形者1：飐（飍）wàn；一字二音别为二姓者1：畏wēi（wèi）；标注于姓之右下角者1：畏wēi（wèi）；韦⑫wéi。

X部有姓189个，内有同字异形者6：係（系）xì、显（顯）xiǎn、洗（洗）xiǎn、颰（颫）xín、姓（牪、告）xìng、邟（許）xǔ；一字二音别为二姓者2：县xiàn（xuán）、相xiāng（xiàng）；标注于姓之右下角者1：栎⑬。

Y部有姓311个，内有同字异形者5：奄（郾）yǎn、雁（鴈）yàn、野（埜）yě、懿（懿）yì、韵（韻）yùn；一字二音别为二姓者4：铫yáo（diào）、钥yào（yuè）、舆yú （yù）、苑 yuān（yuàn）；标注于姓之右下角者 2：岊⑭ yà、鍚⑮yáng。

Z 部有姓 238 个，内有同字异形者 2：趣（掫）zōu、桌（槕）zhuō；一字二音别为二姓者 4：造 zào（cào）、鄫 zēng（céng）、訾 zī（zǐ）、鄹 zōu（zū）；标注于姓之右下角者 1：盲⑯。

由 243 个独体字衍生出的 388 个合体字，如下表所列：

"一"部

二

读音　èr

释义　①数词。一加一的和。如:二哥;二年级。②两样;有区别。《后汉书》:"口不二价。"引申为相比并。《史记》:"此所谓功无二于天下。"③不专一;不忠诚。《管子》:"今彭生二于君。"④同"贰"。副;次。《韩诗外传》:"夫上堂之礼,君行一,臣行二。"

亖

读音　sì

释义　同"四"。

十

读音　shí

释义　①数词。九加一的和。《汉书》:"数者,一、十、百、千、万也。"又表序数第十。《诗》:"八月剥枣,十月获稻。"②特指十倍。《汉书》:"利不十者不易业,功不百者不变常。"③表示完备甚至达到极点。如:十分;十足;十全十美。④古代户籍单位,指十户。后作"什"。《管子》:"上稽之以数,下十五以徵。"

廿

读音　niàn

释义　数词。二十。后也写作"念"。李贺:"鲍焦一世披草眠,顾回廿九鬓毛斑。"

卌 　　**读音**　xì
　　释义　①数词。四十。遁庐："卌年奔走饱风沙,恨不青门学种瓜。"②齿耙。

廿 　　**读音**　niàn
　　释义　同"廿"。

卌 　　**读音**　xì
　　释义　同"卌"。

卅 　　**读音**　sà
　　释义　数词。三十。陈毅："五四争青岛,于今卅五年。"

卉 　　**读音**　huì
　　释义　同"卉"。

卅 　　**读音**　sà
　　释义　①同"卅"。②量词。贝八十枚为一卅。杨慎："滇人谓贝八十枚为一卅。"

卌 　　**读音**　xì
　　释义　同"卌"。
　　　shù　同"庶"。

卌 　　**读音**　xì
　　释义　①数词。四十。②插粪靶。

干

读音 gān

释义 ①盾,古代用来挡住刀箭、护卫自身的兵器。《荀子》:"凤凰秋秋,其翼若干,其声若箫。"②触犯;冒犯。《红楼梦》:"具呈诉辩,有干列禁。"③扰乱;干扰。《国语》:"王事唯农是务,无有求利于其官以干农功。"《淮南子》:"犹人臣各守其职,不得相干。"④求取;干谒。《论语》:"子张学干禄。"⑤干预;干涉。《韩非子》:"干世乱而卒不决。"徐珂:"三奸盘结,同干大政。"⑥关涉。巴金:"周围的一切都跟他不相干了。"⑦岸;水畔。《诗》:"坎坎伐檀兮,置之河之干兮。"⑧量词。a. 相当于"个"。《资治通鉴》:"知院官识见不稔之端,先申,至某月须如干蠲免,某月须如干救助。"b. 相当于"伙";"帮"。《红楼梦》:"那婆子深妒袭人、晴雯一干人……凡见了这一干人,心中又畏又让。"⑨江南把山垅之间的地段叫干。⑩通"涧(jiàn)"。⑪通"乾"。a. 没有水分或水分很少。与"湿"相对。b. 相当于"空"。白白地。杜仁杰:"相扑汉卖药干陪了擂。"⑫通"矸"。砂石。《荀子》:"南海则有羽翮、齿革、曾青、丹干焉,然而中国得而财之。"⑬通"邗"。a. 古国名,指吴国。b. 古干国,在今安徽省凤阳县东南。⑭姓。⑮"乾"的简化字。

开 读音 jiān（又读 qiān）

释义 ①平。②羌族的分支。③同"岍"。④姓。

工 读音 gōng

释义 ①曲尺。②工匠；工人。如：矿工；电工。又指工人阶级。如：工农联盟；工农武装割据。③古代特指乐官或乐人。《书》："工以纳言，时而飏之。"《新唐书》："工四人，先二瑟，后二歌。工持瑟升自阶，就位坐。"④官吏。龚自珍："内外臣工有大罪，则以乾断诛之。"⑤精巧；精致。《红楼梦》："难怪我常弄本旧诗，偷空儿看一两首，又有对的极工的，又有不对的。"⑥擅长；善于。《隋书》："世居金山，工于铁作。"⑦技巧；工夫。如：武工；唱工。⑧手工劳动。《管子》："处女操工事者几何人？"⑨工程。如：施工；工期。⑩工业。如：化工。⑪量词。a.古指玉的计量单位。《淮南子》："玄玉百工，大贝百朋。"b.今指一个人一天的工作量。《闽西歌谣》："春耕生产要抓紧，早起三早当一工。"⑫工作情况（包括工作量、出勤率等）。如：记工。⑬工尺谱符号之一，表示音阶上的一级。⑭通"功"。⑮通"公"。⑯姓。

琔 读音 zhǎn

释义 同"展"。

土

读音 tǔ

释义 ① 土壤;泥土。<u>鲁迅</u>:"中国有一句古谚,说:'肺腑而能语,医师面如土。'" ② 土地;国土。<u>王韬</u>:"<u>台湾</u>,我之疆土。" ③ 乡里。《论语》:"君子怀德,小人怀土。" ④ 本地的,限于某一区域的。如:土产;土话。 ⑤ 指民间沿用的生产技术和有关的设备、产品、人员等(区别于"洋")。如:土法;土专家;土洋并举。 ⑥ 俗气,不合潮流。如:土头土脑;土里土气。 ⑦ 平地;平原。《北崇祯存实疏钞》:"盖三晋之地,土居其一,山居其二。" ⑧ 田。 ⑨ 五行之一。《书》:"五行:一曰水,二曰火,三曰木,四曰金,五曰土。" ⑩ 中医学上指脾。《儒林外史》:"不想春气渐深,肝木克了脾土,每日只吃两碗米汤,卧床不起。" ⑪古代八音之一,指埙类土制乐器。《周礼》:"皆播之以八音:金、石、土、革、丝、木、匏、竹。" ⑫土功。古代主要指筑城,也指修筑作战工事。《商君书》:"客至而作土以为险阻。" ⑬测量(土地)。《考工记》:"土圭尺有五寸,以致日,以土地。" ⑭土地神。后作"社"。《公羊传》:"天子祭天,诸侯祭土。" ⑮吐;泻。 ⑯烟土,粗制的鸦片。《清史稿》:"议定价值,同至夷船兑价给单,即雇快艇至趸船,凭单取土。" ⑰我国少数民族之一。自称"蒙古勒"或"蒙古尔孔"(意为<u>蒙古</u>人)。分布在<u>青海省</u><u>互助</u>、<u>民和</u>、<u>大通</u>、<u>乐</u>

都及甘肃省天祝等地。⑱州名。⑲姓。

dù　①通"杜"。根。《诗》:"彻彼桑土,绸缪牖户。"②古水名。

chǎ　[土苴]渣滓。《庄子》:"道之真以治身,其绪余以为国家,其土以治天下。"

tú　[土門]东突厥第一代可汗名。意为"万夫长"。

圭 **读音** guī
释义 ①古玉器名。长条形,上端作三角形,下端正方。古代贵族朝聘、祭祀、丧葬时以为礼器。《史记》:"周公北面立,戴璧秉圭,告于太王、王季、文王。"②古代测日影的仪器"圭表"的部件。在石座上平放着的叫圭,南北两端立着的标杆叫表。根据日影的长短可以测定节气和一年时间的长短。《周礼》:"以土圭之法测土深,正日景以求地中。"③古代较小的容量单位。《孙子算经》:"量之所起,起于粟,六粟为一圭,十圭为一撮。"④古代重量单位。刘昭引《说苑》:"十撮重一圭,十圭重一铢,二十四铢重一两,十六两重一斤。"⑤洁。《仪礼》:"飨辞曰:哀子某,圭为而哀荐之飨。"⑥姓。

垚 **读音** yáo
释义 土高貌。后作"堯"(今作"尧")。

垚
读音 kuí
释义 土。

士
读音 shì
释义 ① 古代未婚的青年男子。《易》:"枯杨生华,老妇得其士夫,无咎无誉。"后用作对男子的美称。《论语》:"士不可以不弘毅,任重而道远。"② 我国古代社会阶层的名称。a. 先秦时期贵族的最低等级。仅次于大夫。《礼记》:"诸侯之上大夫卿、下大夫、上士、中士、下士,凡五等。"引申为官吏的通称。《诗》:"济济多士,秉文之德。"b. 古代四民之一。指农工商以外学道艺、习武勇之人。或称"士民",以区别于"庶民"。《管子》:"士农工商四民者,国之万民也。"c. 知识分子的通称。如:士林;士流;名士。③ 诸侯的大夫对天子的自称。《左传》:"晋韩宣子聘于周,王使请事,对曰:'晋士起将归时事于宰旅,无他事矣。'"④ 对品德好,有学识或有技艺的人的美称。如:志士;谋士;医士。⑤ 古代称法官为士。《书》:"帝曰:'皋陶,蛮夷猾夏,寇贼奸宄。汝作士,五刑有服。'"⑥ 古军制,在车上者称士,也称"甲士"。以区别于步卒。郑玄引《司马法》:"兵车一乘,甲士三人,步卒七十二人。"也用作士兵的通称。《老子》:"善为士者不武。"⑦ 现代军衔的一级。在尉下。分上士、中士、下士。⑧ 通"事"。职事。《论语》："富而可求也，虽执鞭之士，吾亦为之。"又从事。《荀子》："然后士其刑赏而还与之。"⑨通"仕"。做官。《马王堆汉墓帛书》："不事于盛盈之国，不嫁子于盛盈之家。"⑩姓。

壵
读音　zhuàng
释义　同"壮（今作"壮"）"。

大
读音　dà
释义　①在面积、体积、容量、数量、力量、强度、年龄、重要性等方面超过一般或超过所比对象。与"小"相对。②在程度、规模、声势、时间等方面超过一般或超过所比对象。③指（思想、品德）高尚；（知识、著作等）渊博；（技艺、技巧等）精湛。④尊重；推崇。⑤敬词。如：尊姓大名；大作。⑥极；很。⑦年辈较长或排行第一的。⑧夸大，自夸。⑨古代下一辈对上一辈的称呼所加的字，如称祖父为"大父"，称祖母为"大母"。⑩方言。父亲。⑪方言。指伯父或叔父。⑫旧时金属币"大钱"的简称。亦泛指钱币。⑬副词。大体上，大约。⑭再。如：大前天；大后日。⑮用在时间或节令前表示强调。如：大热天；大年初一；大礼拜天。⑯姓。

　　dài　①"山大王""大夫（医生）"的"大"读 dài。②用同"代"。a. 世代。《李陵变文》："陵家历大为军

将,世世从军为国征。"b. 代替。胡震亨:"大面,一名
'代面'。出北齐兰陵王长恭,胆勇善战,以其颜貌无
威,每入阵即著面具,后乃百战百胜。戏者衣紫腰金,执
鞭。唐相沿弄此。亦入歌曲。"③ 用同"待"。等待。
关汉卿:"安排香桌儿去,我大烧柱夜香咱。"

    tài　同"太"。

夶
读音	bǐ
释义	同"比"。

奃
读音	tào
释义	同"套"。

夳
读音	tài
释义	同"太"。

兀
读音	wù
释义	① 高耸特(突)出貌。刘禹锡:"君不见

敬亭之山黄索漠,兀如断岸无棱角。"② 浑噩无知貌。
陆机:"兀若枯木,豁若涸流。"引申以形容寂寞无聊的
样子。茅盾:"梅女士惘然兀坐,似乎在等候什么噩
兆。"③ 光秃。如:兀鹫。④ 动摇;摇晃。杨万里:"不
胜孤舟兀碧波。"⑤ 斩足。《庄子》:"鲁有兀者叔山无
趾,踵见仲尼。"⑥ 副词。还;仍然。周而复:"他兀自一
杯又一杯灌老酒,不了解他葫芦里卖的啥药?"⑦ 助词。

前缀,用于代词前加强语气,相当于现代方言中的
"阿"。《古今小说》:"你七老八老,怕兀谁?"⑧ 姓。

兂

读音 tiān
释义 同"天"。

王

读音 wáng
释义 ① 古代最高统治者的称号。秦始皇以后
改称皇帝。《书》:"天子作民父母,以为天下王。"又秦
以前诸侯在自己国内的称号。王国维:"古诸侯在自己
国内称王,与称君称公无异。"② 汉代以后封建社会的
最高封爵。《汉书》:"诸侯王,高帝初置,金玺绶,掌置
其国。"③ 朝谒天子。《诗》:"莫敢不来王。"④ 首领;同
类中最突出的。杜甫:"擒贼先擒王。"⑤ 大。《周礼》:
"春献王鲔。"⑥ 古代对祖父母辈的尊称。《尔雅》:"父
之考为王父,父之妣为王母。"⑦ 虫名。土蜘蛛,也叫颠
当虫。⑧ 匡正。《法言》:"昔在周公,征于东方,四国
是王。"⑨ 姓。

wàng ①统治、领有一国或一地。《史记》:"先破
秦入咸阳者王之。"又封王,使领有一个地区。《汉书》:
"高皇帝瓜分天下以王功臣。"②成王业;作皇帝;称王。
《商君书》:"三代异势,而皆可以王。"③胜过。《庄
子》:"彼兀者也,而王先生。"④通"旺"。兴盛;旺盛。
《庄子》:"神虽王,不善也。"⑤通"往(wǎng)"。

yù　同"玉"。

珏
读音　jué
释义　二玉相合为一珏。

瑴
读音　jué
释义　同"珏"。

玉
读音　yù
释义　① 一种矿物,质细而坚硬,有光泽,可雕琢成工艺品。② 比喻洁白和美丽。③ 敬辞,称对方的身体或行动。④ 帮助;培养。⑤ 姓。

瑴
读音　jué
释义　同"珏"。

井
读音　jǐng
释义　① 水井。《荀子》:"短绠不可以汲深井之泉。"② 指形状像水井的。如:矿井;油井。③ 像井架形的。如:藻井;天井。④ 井田。殷、周时代的一种土地制度。地方一里为井,划为九区,形如井字,每区百亩,八家各分一区耕作,中央为公田。《孟子》:"方里而井,井九百亩。其中为公田,八家皆私百亩,同养公田。"⑤ 人口聚居之处。陈子昂:"三军叶庆,万井相欢。"⑥ 法度。⑦ 深。⑧ 六十四卦之一。卦形为☴☵,巽下坎上。⑨ 星名,二十八宿之一,南方朱鸟七宿的第一宿,有星八颗。也称"东井"。⑩ 中医术语,五腧穴之一,为十二经脉起源处。⑪通"瀞(jìng)"。⑫姓。

㺱 读音 xíng
释义 酒器。

夫 读音 fū
释义 ① 成年男子的通称。《孟子》:"内无怨女,外无旷夫。"② 大丈夫。对男子的美称。《左传》:"且成师以出,闻敌强而退,非夫也。"③ 女子的配偶。《易》:"夫妻反目。"④ 古田制百亩称夫。井田制一夫受田百亩,故即以一夫所受之田称夫。《周礼》:"九夫为井,四井为邑,四邑为丘,四丘为甸。"⑤ 旧称从事某种体力劳动的人。如:船夫;渔夫。⑥ 指应征调以服劳役的人。后亦指仆役。《北史》"己巳,发夫五万人筑漳滨堰,十五日罢。"⑦ 古代兵士、武士的称呼。李白:"战夫若熊虎,破敌有馀闲。"⑧ 古代官长。王引之:"率人曰夫,若大夫之夫矣。凡经传言准夫、言牧夫、言啬夫、言驭夫、言膳夫、言宰夫,皆率人之义。"⑨ "大夫"之省文。《礼记》:"夫圭田无征。"⑩ 足,脚。《墨子》:"为颉皋,必以坚材为夫。"⑪ 同"大"。

fú ① 代词。a.表示第三人称,相当于"他"、"她"、"它"、"他们"。《左传》:"子木曰:'夫独无族姻乎?'"《汉书》:"夫将为我危,故吾得与之皆安。"b. 表示远指。相当于"那"、"那个"、"那些"。方志敏："雄巍的峨嵋,妩媚的西湖,幽雅的雁荡,与夫'秀丽甲天下'的桂林山水,可以傲睨一世,令人称羡。"c.表示近指。相当于"这"、"这个"、"这些"。《左传》："夫二人者,鲁国社稷之臣也。"② 所有的;大家。相当于"凡"。张衡："执谊顾主,夫怀贞节。"③ 助词。a.用于句首,有提示作用。封演："夫画者,澹雅之事。"b.用于句中。杜甫："岱宗夫如何?齐鲁青未了。"④ 名词的前缀。本用于表示事物名称的单音词前,后遂与该单音词融合成复音词。如:夫容(芙蓉;荷花);夫须(一种可以做蓑衣的草);夫不(鴀鵃,布谷鸟)。⑤ 语气词。a.用于句尾,表示感叹。《孟子》："率天下之人而祸仁义者,必子之言夫!"b.用于句尾,表示疑问与反诘。《史记》："孔子曰:'吾歌,可夫?'"

㚘

读音 bàn

释义 伴侣。后作"伴"。

天

读音 tiān

释义 ① 人的额部;脑袋。② 古代一种在额头上刺字的刑罚。《易》："见舆曳其牛掣,其人天且劓。"③ 天空。韩愈："坐井而观天,曰天小者,非天小也。"④ 天体;天象。《旧唐书》："太史令傅孝忠善占星纬,时人为之语曰:'傅孝忠两眼看天'。"⑤ 自然。泛指不以人的意志为转移的客观必然性。刘过："人定兮胜天，半壁久无胡日月。"⑥ 自然的；天生的。《庄子》："此木以不材得其天年。"⑦ 人或物的自然形质；天性。苏轼："故我内全其天，外遇于酒。"⑧ 特指某一空间。许浑："树暗壶中月，花香洞里天。"⑨ 时令；季节。如：冬天；三伏天。⑩ 天气；气候。杜甫："蜀天常夜雨，江槛已朝晴。"⑪ 一昼夜的时间，或者专指日出到日落的时间。如：今天；昨天；忙了一天。⑫ 天神；上帝，自然界的主宰者。李贺："天眼何时开，古剑庸一吼。"⑬ 迷信的人指神佛仙人或他们生活的那个世界。如：归天；天兵天将；天女散花。⑭ 古代指君王，也指人伦中的尊者。张衡："历载三六，偷安天位。"⑮ 所依存或依靠的对象。陆凯："国以民为本，民以食为天，衣其次也。"⑯ 方言。垧。井岩盾："家家户户全好过啦，光好地就有二百多天。"⑰ 姓。

奀 读音 zhòng
chóng 同"重"。
tóng

夭 读音 jiǎo
释义 同"皎"。
miǎo 同"渺"。

㮡

　读音　jiǎo

　释义　义未详。

㮈

　读音　miǎo

　释义　同"渺"。

　　　hào　义未详。郑采："天㮈㮈兮月朏朏。"

木

　读音　mù

　释义　①树,木本植物的通称。《庄子》："大木枝叶盛茂。"又泛指草木。龚自珍："第四时之荣木。"②木本的。如:木棉;木芙蓉。③树叶。杜甫："无边落木萧萧下。"④木材;木料。《荀子》："木受绳则直。"又木制的。如:木椅;木箱。⑤指某些木制的器物。《新五代史》："居民拆木以共爨。"特指棺材。如:寿木。⑥古代八音之一,指柷、敔等一类木制乐器。⑦五行之一。《书》："五行:一曰水、二曰火、三曰木、四曰金、五曰土。"⑧中医学上指肝。⑨木星的简称。⑩呆;楞。如:木头木脑。⑪麻木。如:手脚冻木了。⑫质朴。《论语》："刚毅木讷近仁。"⑬姓。

林

　读音　lín

　释义　①成片的竹、木。如:森林;竹林;防风林。又指丛生的草。刘向："游兰皋与蕙林兮,睨玉石之嵾嵯。"②林业。田间："农林牧副渔,各行各业一股劲。"③泛指人或事物的会聚、汇集处。如:艺林。④野外。

⑤众盛貌。《国语》:“田间木钟,和展百事,俾其不任肃恪也。”⑥君。《天问》:“伯林雉经,维其何故?”⑦姓。

𣛧 **读音** shā
释义 义未详。

森 **读音** sēn
释义 ①树木高耸繁密貌。王安石:“不知篝火定何人,且看森垂覆荒草。”②众多;众盛。《后汉书》:“百神森齐备从兮,屯骑罗而星布。”③阴森幽暗貌。王安石:“一迳森然四座凉,残阴余韵兴何长?”又寒;凉。龚宗元:“玉宇清宫彻罗绮,渴嚼冰壶森贝齿。”④森严。李白:“虎竹救边急,戎车森已行。”⑤峙立;高耸。范成大:“松森上曾[层]云,拍踽抱幽石。”⑥姓。

𣏟 **读音** jìn
释义 放樽的矮桌。

𣠞 **读音** yàn
释义 义未详。

巿 **读音** fú
释义 古代朝觐或祭祀时遮蔽在衣裳前面的一种服饰,用熟皮制成。也作“韨(今作“祓”)”。

pó 同“芾”。草木茂盛的样子。

柿

读音 bèi

释义 行貌。

太

读音 tài

释义 ①大。苏轼:"归之太空,太空冥冥,不可得而名。"②身份最高或辈数更高的。顾炎武:"门生谓其师之师为之太师。"③古代记数有所超过称"太"。《史记》:"汉有天下太半,而诸侯皆附之。"④顺利;安宁。也作"泰"。魏源:"不离乱,不知太平之难;不疾痛,不知无病之福。"⑤副词。a.表示程度过分,相当于"甚"。老舍:"他们自己可是不会跑,因为腿脚都被钱赘的太沉重。"b.用于赞叹句,表示程度极高。如:花月太美了;这办法太好了。c.用于否定句,相当于"很"。如:不太好;不太够。

tā [太末]地名。

太太太

读音 tiān

释义 义未详。

犬

读音 quǎn

释义 ①狗。古特指大狗,后犬、狗通名。②谦称。a.旧时臣下对君上的谦称。b.称自己的儿子。《红楼梦》:"这是第二小犬,名叫宝玉。"③对人的蔑称。《三国演义》:"吾虎女安肯嫁犬子乎!"

犾 读音 yín
释义 ①两犬相咬。②犬相吠。③言语粗野貌。

狱 读音 yín
释义 同"犾"。

猋 读音 biāo
释义 ①犬奔貌。②奔跑。③暴风;旋风。④草名。古又称为"荼"、"苕",俗名"芭茅",穗可做扫帚。⑤贝名。也作"蔽(同瞵)"。

歹 读音 è
释义 ①剔去肉后的残骨。②瓣。③报。

dǎi ①恶;坏。与"好"相对。《宣和遗事》:"父亲做歹事,误我受此重罪。"又指坏事。如:为非作歹。②苗族称你、我为"歹"。田汝成:"南蛮称人曰歹,自称亦曰歹。"

dāi 停留;逗留。用同"呆"。朱自清:"老在城圈里歹着。"

歹歹 读音 chuǎn
释义 同"舛"。

bù 同"布"。商代货币用字。

歹歹歹 读音 zhōu
释义 同"州"。

18

旡

读音　jì

释义　饮食气逆哽塞。

兓

读音　jīn

释义　①[兓兓]也作"替替"。锐意。②同"夫"。

　　　zàn　二人屈己以赞。

牙

读音　yá

释义　①大牙;臼齿。《易》:"豮豕之牙。"②泛指牙齿。李白:"朝避猛虎,夕避长蛇,磨牙吮血,杀人如麻。"③咬;啮。《战国策》:"投之一骨,轻起相牙者,何则?有争意也。"④特指象牙。鲍照:"琉璃药盌牙作盘,金鼎玉匕合神丹。"⑤形状像牙齿的东西。a.古代钟架横木上所刻像牙齿的部分。《诗》:"设业设虚,崇牙树羽。"b.古代杂佩中悬在丝绳上像牙的尖角叫"衝牙"("衝"今作"冲"),行走时碰撞佩玉发出清脆的声音。《礼记》:"佩玉有冲牙。"c.戟上横枝,像牙形,故曰"戟牙"。苏轼:"手柔弓燥春风后,置酒看君中戟牙。"d.瓦屋的檐角,像牙,曰"檐牙"。杜牧:"廊腰缦回,檐牙高啄。"e.古代机器中像牙齿的部件,或合称为"牙机"。《后汉书》:"其牙机巧制,皆隐在尊中。"f.弩上钩弦的器具,像牙齿,称"弩牙"。《南齐书》:"金银镂弩牙,瑇瑁帖箭。"⑥古称将军之旗。《三国志》:"又作黄龙大牙。"⑦古代军队主将所在的称呼。《隋书》："知其牙内屡有定变。"⑧古代官署之称。后作"衙"。《资治通鉴》："北门、南牙，同心协力。"⑨草木发芽。又喻事物的发生、开始。后作"芽"。《管子》："外之有徒，祸乃始牙。"又指植物的幼芽。后作"芽"。梅尧臣："何时科斗生，草根已吐牙。"⑩幼小。《后汉书》："甘罗童牙而报赵。"又称小孩子。也作"伢"。张天翼："王老师，我们细毛伢子在你们学堂里还听话不？"⑪古代对西北少数民族王庭的称呼。《北史》："因遣晟副汝南宫宇文神庆送千金公主至其牙。"⑫牙板。始用象牙，后多用檀木，因色带紫红色，故称红牙。刘克庄："安得春莺雪儿辈，轻拍红牙按舞。"⑬用同"互"。a.悬挂东西的夹子或桩子。《警世通言》："郡王好生焦燥，左手去壁牙上取下'小青'，右手一掣。"b.旧指买卖的经纪人。沟通买卖双方，收取佣金。如：牙行、牙商、牙侩。c.介绍人。陆游："自言作门客牙，充书籍行，开豆腐羹店。"⑭量词。绺。《水浒全传》："三牙细黑髭髯，十分腰细膀阔。"⑮语倔强貌。⑯方言。牡，指雄性牲畜。如：牙狗。⑰姓。

牙牙 读音 yá
释义 义未详。

戈
　　读音　gē
　　释义　①古代的一种兵器,长柄横刀。盛行于殷周。《书》:"四人綦弁,执戈上刃。"又泛指兵器。《书》:"备乃弓矢,锻乃戈矛。"②战乱,战争。《后汉书》:"偃武息戈,卑辞事汉。"③量词。古代长度单位。黄叔璥:"台郡之田论甲,每甲东西南北各二十五戈,每戈一丈二尺五寸。"④古国名。⑤姓。

戋(今作"戋")
　　　　　　读音　cán
　　释义　①同"残(今作"残")"。②通"刬(今作"划")"。铲除;削平。《溧阳长潘乾校官碑》:"禽奸戋猾,寇息善欢。"
　　jiān　[戋戋]a.少;小。《易》:"束帛戋戋。"陆采:"我当朝无辅,肯婿戋戋夫。"b.显露貌。c.委积。张衡:"聘丘园之耿絜,旅束帛之戋戋。"

示
　　读音　shì
　　释义　①天显现出某种征象,向人垂示吉凶祸福。《易》:"夫乾确然,示人易矣;夫坤隤然,示人简矣。"②泛指把事物摆出来使人知道。如:示范;展示。③告诉;告知。《战国策》:"医扁鹊见秦武王,武王示之病。"④教导。《礼记》:"国奢则示之以俭,国俭则示之以礼。"⑤公文;告示。《镜花缘》:"好在国王久已出示,毋许驱逐闲人。"也泛指指示、命令。《儒林外史》:"戏子们请老爷的示。"⑥对别人来信的敬称。如:惠示;来示。⑦通"施(shī)"。布施。《荀子》:"皇天隆物,以示下民。"⑧通"寘(zhì)"。置。《诗》:"人之好我,示我同行。"

qí 同"祇"。地神。

shí 姓。

祘
读音 suàn
释义 同"算"。

古
读音 gǔ
释义 ①过去已久的年代,往昔。与"今"相对。《吕氏春秋》:"故审知今则可知古。"②指古代的事物。如:仿古;考古;拟古。③开始;开端。亦指祖先。《礼记》:"以事天地山川社稷先古。"④古老。马致远:"古道西风瘦马。"⑤质朴;厚重。茅盾:"这就叫做人心不古! 唉,这年头儿,老实人也会贪污!"⑥奇特;不同凡俗。张怀瓘:"(郄愔)草书卓绝,古而且劲。"⑦古体诗的简称。胡应麟:"歌至五、七言古,全不如乐矣。"⑧姓。

甜
读音 jīng
释义 义未详。

旡
读音 lù
释义 义未详。

麸
读音　yáo
释义　同"堯(今作"尧")"。

尧尧
读音　lù
释义　同"厹"

可
读音　kě
释义　①表示许可、肯定。《国语》："大夫辞之，不可。"陆游："苏(轼)翰林多不可古人，惟次韵和陶渊明及先生二家诗而已。"②能够。《诗》："彼苍者天，歼我良人！如可赎兮，人百其身。"③堪，值得。龚自珍："九州生气恃风雷，万马齐喑究可哀。"④是；对。王安石："子今去此来无时，予有不可谁予规。"⑤适合。苏轼："流年又喜经重九，可意黄花是处开。"⑥寻常。形容轻微。陈允平："瘦却舞腰浑可是，银蹀躞，半阑珊。"⑦当，对着。刘禹锡："高坐寂寥尘漠漠，一方明月可中庭。"⑧病愈。《三国演义》："待军师病可，行之未迟。"⑨尽；满。《儿女英雄传》："他还是把一肚子话可桶儿的都倒出来。"⑩"不可"之省。《书》："岳曰：'异哉！试可，乃已'。"⑪相当于"所"。邯郸淳："无可有，以大豆一斛相助。"⑫副词。a.约略。柳宗元："潭中鱼可百许头。"b.正好；恰好。或作"可可"。《乐府诗集》："战城南，死郭北，野死不葬乌可食。"武汉臣："今日买卖十分苦，可可撞见大官府。"c.岂，那(nǎ)。岑参："可知年

23

四十,犹自未封侯。"d. 表示转折语气。相当于"却"。老舍:"这可绝不是件容易的事。"e. 再。高文秀:"若聚集的些人马呵,那其间可与曹操仇杀,未为晚矣。"f. 表示强调。相当于"真"、"确实"。《水浒传》:"谷雨初晴,可是丽人天气。"g. 用在问句里,加强语气。《红楼梦》:"问古来将相可还存?"⑬通"何(hé)"。怎么。《左传》:"国亡矣,死者若有知者,可以歆旧祀?"⑭姓。

gē ①同"歌"。②女师。后作"娿(ē)"。《礼记》:"择于诸母与可者……使为子师。"

kè [可汗]也作"可寒"、"合罕"。古代鲜卑、柔然、突厥、回纥、蒙古等族最高统治者的称号,意为王。《乐府诗集》:"昨夜见军帖,可汗大点兵。"

哥 读音 gē

释义 ①声。②歌唱。后作"歌"。傅玄:"黄钟唱哥,九韶兴舞。"③对同父母或同族同辈而年龄比自己大的男子的称呼。白居易:"再拜跪奠大哥于座前。"也指对年稍长者或年龄跟自己差不多的男子的敬称。如:老哥;张大哥。④唐时也称父为哥。《旧唐书》:"玄宗泣曰:'四哥仁孝'。"按四哥,即玄宗之父睿宗,睿宗行四,故称"四哥"。⑤语气词。相当于"啊"。汤显祖:"扛酒去前坡。(做跌介)几乎破了哥,摔破了花花你赖不的我。"⑥宋代著名瓷窑"哥窑"的简称。

可可

读音 音未详

释义 义未详。

左

读音 zuǒ

释义 ①辅佐;帮助。后作"佐"。②方位名。左边(与"右"相对)。面向南时东边为左,面向北时西边为左。③向左。《红楼梦》:"左右一望,雪白粉墙。"④特指御者。《诗》:"左旋右抽,中军作好。"⑤在左右对称的事物中,凡左边的事物通称左。⑥附近。《镜花缘》:"你们就在左近走走,我去去就来。"⑦证据;证人。⑧指进步的、革命的派别或思想。⑨卑、下(与"高"、"尊"相对)。⑩贬谪;降格。⑪偏僻。⑫见外;疏远。⑬偏邪;不正。⑭违背;不合。⑮二;第二。⑯横竖;反正。⑰姓。

㞦

读音 huī

释义 毁。

zuǒ 同"左"。

石

读音 shí

释义 ①岩石,构成地壳的矿物质硬块。如:花岗岩;石灰岩。②石磬,古乐器名,八音之一。《书》:"予击石拊石,百兽率舞。"③石刻;碑碣。《史记》:"乃遂上泰山,立石。"又特指古代战争用作武器的石块。《左传》:"亲受矢石。"④药石。中药里的矿物部分。<u>柳</u>

宗元:"掘草烹石。"⑤石针,古代的医疗用具。《战国策》:"扁鹊怒而投其石。"⑥针砭,以石针治病。《素问》:"灸之则暗,石之则狂。"⑦结石的省称。如:胆石;排石。⑧乐器声音不响亮。《周礼》:"薄声甄,厚声石。"⑨投掷。《新书》:"提石之者犹未肯止。"⑩坚固;坚硬。《素问》:"沉而石者,是肾气内著也。"⑪中医脉象名。⑫厚。⑬通"硕"。大。《庄子》:"婴儿生,无石师而能言。"⑭古地名。故地约在今河北省曲阳县西太行山地区。⑮古州名。在今山西省西部,吕梁山西侧,黄河支流三川河流域。⑯古西域国名。⑰姓。

砳

读音　lè

释义　象声词。石头撞击声。

磊

读音　lěi

释义　①众石累积貌。《古诗十九首》:"磊磊涧中石。"②垒;堆砌。刘伯亨:"银磊就高台短砌。"③大貌。木华:"磊匒匒而相豗。"

磥
磊

读音　lěi

释义　同"磊"。

耳

读音　ěr

释义　①听觉和平衡的器官。人和哺乳动物的耳分外耳、中耳和内耳三部分。内耳主管听觉和全身平衡。《诗》:"匪面命之,言提其耳。"②闻;听。《韩非子》:"君其耳而未之目邪?"③附在物体两旁便于提举的结构。《易》:"鼎,黄耳金铉。"又位置在两旁的。如:耳门。④谷物在久雨后所生的芽。张鷟:"谚云:'秋雨甲子,禾头生耳。'"又卷曲像耳之物,如:木耳;银耳。⑤同"珥"。日、月两旁的光晕。《中国谚语资料》"两耳全晒,必有古怪。"⑥语气词。a. 表示限止,相当于"而已"、"罢了"。《史记》:"与父老约法三章耳。"b. 表示肯定或语句的停顿与结束。相当于"了"、"啊"、"也"。《史记》:"不备,苦恶,则候秋熟,以骑驰蹂而稼穑耳。"⑦连词。表转折关系,相当于"而"。贾谊:"故化成俗定,则为人臣者,主耳忘身,国耳忘家,公耳忘私。"⑧姓。

réng [耳孙]古称从本身下数到八世孙为耳孙。也作"仍孙"。《汉书》:"上造以上,及内外公孙、耳,有罪当刑及当为城旦春者,皆耐为鬼薪白粲。"

珥 读音 tiē
释义 ①安适;妥帖。马融:"瓠巴珥柱,磬襄弛悬。"②耳垂,耳朵的下端。

zhé 同"聑"。耳竖貌。

聶(今作"聂") 读音 niè
释义 ①附耳小声说话。后作"嗫

（今作"嗫"）"。《庄子》："瞻明闻之聂许,聂许闻之需役。"②古代地名。在今<u>山东省聊城县</u>东北。③姓。

zhé ①合拢;叠合。《尔雅》："守宫槐叶,昼聂宵炕。"②通"牒"。切肉成薄片。《礼记》："牛与羊鱼之腥,聂而切之为脍。"

shè ①同"欇（今作"欇"）"。虎欇,即紫藤。②通"攝"（今作"摄"）a.握持。《山海经》："（聂耳之国）为人两手聂其耳。"b.代理。《管子》："二十岁而可广,十二岁而聂广,百岁伤神。"③通"慑"。恐惧。《逸周书》："地庶则荒,荒则聂。"

yè 同"擈",动貌。

朿
> 读音 cì
> 释义 木芒。后作"刺"。

棘
> 读音 jí
> 释义 ①酸枣。②泛指有芒刺的草木。③刺。④棱角整饬,锋刃锐利。⑤陈列。

棗（今作"枣"）
> 读音 zǎo
> 释义 ①落叶乔木。枝有刺,实为核果,形椭圆或长椭圆,鲜嫩时黄色,成熟后紫红色,味甘美,供食用或药用。②枣子。《诗》："八月剥枣,十月获稻。"③姓。

棘棘

读音　jí

释义　同"棘"。

百

读音　bǎi

释义　①数词。十的十倍。《周礼》："万有二千五百人为军。"②概数。言其多。③百倍。《礼记》："人一能之,己百之。"④凡。《诗》："百尔君子,不知德行。"⑤姓。

皕

读音　bì

释义　二百。如:皕家楼。

而

读音　ér

释义　①颊毛。凡麟毛之下垂者都称而。《周礼》："必深其爪,出其目,作其鳞之而。"戴震补注："颊侧上出者曰之,下垂者曰而,须鬣属也。"②如;似。《新序》："白头而新,倾盖而故。何则? 知与不知也。"③即;就是。常与"非"对用,构成"非……而……"。《战国策》："非天下强国,非秦而楚,非楚而秦。"④代词。a.表示对称,相当于"你"。《左传》："余知而无罪也。"b.表示领有,相当于"你的"。《史记》："我令儿父霸,我又立若。"c.表示指示,相当于"此"。《战国策》："豫让拔剑三跃,呼天击之曰:'而可以报知伯矣。'"⑤副词。a.表示时间,相当于"才"。《大戴礼记》："如此而成于孝子也。"b.表示范围,相当于"只"、"唯独"。

《论语》:"不患寡而患不均,不患贫而患不安。"c.表示继续,相当于"犹"、"还"。《论语》:"年四十而见恶焉,其终也已。"⑥连词。a.表示并列,相当于"和"、"与"。《左传》:"哀乐而乐哀,皆丧心也。"又相当于"并且"。如"瘦而小"。b.表示承接。①动作因循相继。《论语》:"学而时习之,不亦说乎!"②相当于"就"。《孟子》:"可以速而速,可以久而久,可以处而处,可以仕而仕。"③表示假设,相当于"如果"。《论语》:"人而无信,不知其可也。"④表示因果,相当于"因"、"所以"。《说苑》:"情动于中,而行于声。"⑤表示转折,相当于"却"、"然而"。《论语》:"季氏富于周公,而求也为之聚敛而附益之。"⑥提出程度更甚的明显事例为衬托,下半句常用"何况"、"而况"相呼应,相当于"且"、"尚且"。《庄子》:"夫天地至神,而有尊卑先后之序,而况人道乎?"⑦连接修饰语与动词。毛泽东:"为人民利益而死,就比泰山还重。"⑦助词。a.表示偏正关系,相当于"之"、"的"。《论语》:"君子耻其言而过其行。"又相当于"着"、"地"。《史记》:"庸者笑而应曰:'若为庸耕,何富贵也?'"《礼记》:"揖让而入。"b.与"上"、"下"、"前"、"后"、"来"、"往"连用,相当于"以"。《易》:"形而上者谓之道,形而下者谓之器。"⑧语气词。a.用于句中,表示反问,相当于"岂"、"难道"。《左传》:"诸侯事晋,未敢携贰,况卫在君之宇下,而敢有异志?"b.用于句末,近乎"兮",相当于"耳"、"哪"。《诗》:"俟我于著乎而,充耳以素乎而,尚之以琼华乎而!"

néng 同"能"。①能够。《淮南子》:"行柔则刚,用弱而强。"②安。《易》:"天造草昧,宜建侯而不宁。"③才能。《庄子》:"故夫知效一官,行比一乡,德合一君,而征一国者,其自视也亦若此矣!"

耏

读音 ér
释义 ①连系。②用同"蠕(rú)"。

xū 同"需"。

至

读音 zhì
释义 ①鸟从高处飞到地上。②到;来到。丘为:"东风何时至?已绿湖上山。"③及;达到。《〈诗〉小序》:"自天子至于庶人,未有不须友以成者。"④极点;到极点。《孟子》:"规矩,方员之至也。"⑤尽;穷尽。《庄子》:"选则不遍,教则不至。"⑥大。《战国策》:"商君治秦,法令至行。"⑦甚。《庄子》:"克核大至,则必有不肖之心应之。"⑧善;善于。《管子》:"夫至用民者,杀之危之,劳之苦之,饥之渴之。"⑨最好的。如:至德;至理。⑩周密;周到。《太平广记》:"多虎,刘防卫甚至。"⑪实;实质。《汉书》:"朔狂,幸中耳,非至数也。"⑫导致。《墨子》："孔丘所行,心术所至也。"⑬恰当。《荀子》："不知逆顺之理,小大、至不至之变者也,未可与及天下之大理者也。"⑭壅闭;堵塞。后作"窒"。《管子》："和好不基,贵贱无司,事变日至。"⑮节气名。指冬至、夏至。《左传》："凡分、至、启、闭,必书云物,为备故也。"⑯中医称脉搏跳动。《素问》："脉绝不至,曰死。"又脉搏次数增多。《难经》："脉有损至,何谓也。"⑰须要;必定。《韩非子》："今身不至劳苦而辇以上者,有术以致人之故也。"⑱连词。表示转折关系,相当于"至于"。纪昀:"至国计民生之利害,则不可言命。"⑲副词。a.最;极。《吕氏春秋》："天子至贵也。"b.竟;竟至。《韩非子》："先生之巧,至能使木鸢飞。"⑳介词。相当于"到……时候"。a.表时间。《史记》："至春,果病。"b.表示到达的数量。《汉书》："近幸臣妾从死者,多至数十百人。"㉑同"致"。给予。《墨子》："故于此乎天乃使汤至明罚焉。"㉒通"制"。小度。《荀子》："称远近而等贡献,是王者之至也。"㉓通"志"。志向;意志。《荀子》："行法至坚,不以私欲乱所闻。"

　　dié 　[单至]轻发貌。《列子》："墨尿、至、嘤喧、憨憨四人相与游于世,胥如志也。"

铚　读音　zhī
　　释义　①到达。②如一。

jìn　前往。

至
銍　　**读音**　zhì
　　　　释义　窒塞。

克　　**读音**　kè
　　　　释义　①胜任。刘禹锡："常惧不克负荷,以忝前人。"②制胜;攻下(城池)。如:克敌制胜;攻无不克。③凌犯。《论语》："克、伐、怨、尤不行焉,可以为仁矣。"④约束;制服。如:克服困难;柔能克刚。⑤成;完成。《三国志》："事临垂克,遘疾陨丧!"⑥能。如:克勤克俭。⑦剋扣;侵削。《水浒全传》："贪滥无厌,徇私作弊,克减酒肉。"⑧约定。陶贞怀："克日兴师边塞去,扫尽风烟享太平。"⑨苛刻;刻薄。《红楼梦》："都是你们酸尖刻薄,可惜太太有恩无处使。"⑩通"刻"。识。《诗》："后稷不克,上帝不临。"⑪消化。如:克食。⑫公制重量或质量单位。一克等于一公斤的千分之一。旧制公分或克兰姆(法 gramme)。⑬藏族地区的一种重量单位。如称酥油的克,一克约为六至八市斤。⑭藏族地区的一种量器,与市斗相似,各地大小不一。一斗约为二十五至二十八市斤。⑮藏族地区计算耕地面积的单位,一克地就是可以播种一克(斗)种子的地,约相当于一市亩。⑯"剋"的简化字。

兢 **读音** jīng

释义 ①竞,强劲貌。《诗》:“尔羊来思矜矜兢兢,不骞不崩。”②小心谨慎貌。也作“兢兢”。《书》:“兢兢业业,一日二日万几。”《新唐书》:“正当兢惧戒约,奈何令人悔为不奢。”③颤动。《太玄》:“兢其股,鞭其马。”④草名。一说“签”的讹字。《管子》:“山之材(荄),其草兢与蔷。”

来 **读音** lái

释义 “来”的简化字。

𣏟 **读音** jì

释义 同“棘”。

車(今作“车”) **读音** chē

释义 ①车子,陆地上有轮子的交通工具。②指车士,驾车的人。③车工。④乘车。⑤利用轮轴旋转的工具。⑥用车床切削东西。⑦方言。转动(多指身体)。沙汀:“他拄着烟杆车身了。”又指转动旋钮、开关。巴金:“你把亮车小点!”⑧用水车戽水。⑨牙床骨。《左传》:“辅车相依,唇亡齿寒。”⑩量词。计算一车所载的容量单位。⑪捕鸟的网。⑫象棋棋子之一(读 jū)。⑬姓。

𨏥 **读音** yìn

释义 “𨊠”的讹字。(“𨊠”:车名。)

轟轟（今作"轰"）　**读音**　hōng
释义　①象声词。a. 群车声。b. 巨大的声响。②雷击;炮击。③震动;震荡。④喝赶。笑闹;狂放。

轟轟　**读音**　kē
释义　义未详。

臣　**读音**　chén
释义　①战俘。②奴仆。③国君所统属的众民。④君主制时的官吏。⑤古人自称。a. 对君。b. 对父。c. 对一般人。表示自谦。⑥泛指物的配属。《礼记》:"官为君,商为臣。"⑦尽臣的本分。《谷梁传》:"君不君,臣不臣,此天下所以倾也。"⑧役使;统属。⑨认罪。⑩姓。

臣臣　**读音**　wáng
释义　义未详。

豕　**读音**　shǐ
释义　猪,家畜之一。

豩　**读音**　bīn
释义　①二豕。②豕乱群。
　　huān　顽劣。

豩

读音 bīn

释义 同"豩"。

直

读音 zhí

释义 ①正见。②不弯曲。陈毅:"大雪压青松,青松挺且直。"③正,合乎正义的。文天祥:"不能裂肝胆,直气摩斗牛。"又耿直;刚直。《论语》:"举直错诸枉,则民服。"④竖(与"横"相对)。《山海经》:"(章尾山)有神,人面蛇身而赤,直目正乘。"⑤端正。《礼记》:"口容止,声容静,头容直。"⑥伸;挺直。鲁迅:"(孔乙己)直起身又看一看豆。"又僵硬。杜甫:"霜严衣带短,指直不能结。"⑦伸雪(冤狱)。韩愈:"公独审问,为计度论议,直其冤。"又申说。文天祥:"请转与巽斋直之。"⑧遇,碰着。汤显祖:"管教他灵山会里直着个有缘人。"⑨代理。皇甫谧:"若知直祭酒刘季琰病发于畏恶,治之而瘥。"⑩值班。袁郊:"常令三百人夜直州宅。"⑪当;临。《史记》:"未央宫在其西,武库正直其墓。"⑫值,价格。韩愈:"初定两税时,绢一匹直钱三千。"又指所值之财物。《后汉书》:"为官写书,受直以养老母。"⑬相平,相当。杜甫:"城中斗米换衾裯,相许宁论两相直。"⑭柄。⑮曲尺。⑯量词。多与"一"连用,表示一定的路程。《水浒传》:"武松走了一直,酒焦热起来。"⑰表示方位。朱有燉:"头直上有万道豪光。"⑱同

"值"。措置。⑲连词。相当于"但是"、"可是"。《晋书》:"吾素志无廊庙,直王丞相(导)时果欲内吾,誓不许之。"⑳副词。a. 径直;直接。《三国演义》:"纪灵大怒,拍马舞刀,直取玄德。"b. 竟。《聊斋志异》:"何物老魅,直尔大胆,致坏箧子。"c. 仅;只是。《孟子》:"直不百步耳,是亦走也。"d. 即使。杜牧:"人生直作百岁翁,亦是万古一瞬中。"e. 特地;故意。《汉书》:"有一老父,衣褐,至良所,直堕其履圯下。"㉑通"职"。处所。《诗》:"乐国乐国,爰得我直。"㉒旧直隶省的简称。㉓姓。

矗
　读音　chù
　释义　①草木茂盛。②高耸。司马相如:"于是乎崇山矗矗,巃嵸崔巍。"③齐;齐平。舒元舆:"释宫斯闸,上矗星斗。"④长直。谢灵运:"曲木周乎前后,直陌矗其东西。"⑤率直。卫元嵩:"语其义则矗然而不诬。"

疐
疐
　读音　yí
　释义　同"疑"。

釪
　读音　huá
　释义　同"鏵(今作"铧")"。

橆
　读音　wú
　释义　同"無(今作"无")"。

東（今作"东"）

读音　dōng

释义　①太阳出来的方向。跟西相对。②向东，东行。③主人。古时主位在东，宾位在西，所以主人称东。如：房东；股东。④象声词。《西游记》："只听得丁丁东起的，一个铜锣响。"⑤姓。

棘

读音　cáo

释义　①同"曹"。②周匝，一周天。

來（今作"来"）

读音　lái

释义　①小麦。《天工开物》："凡麦有数种，小麦曰来，麦之长也；大麦曰牟、曰矿。②由彼及此；由远到近。与"去"、"往"相对。③招致，招之使来。④搞；干；做。用以代替意义更具体的动词。如：胡来；来一个歌；我干不了，你来。⑤用在另一个动词前，表示要做某件事。如：我来画；大家都来唱歌。⑥用在动词后，表示估计或着眼于某一方面。如：看来容易，说来话长。⑦用在动词结构（或介词结构）与动词（或动词结构）之间，表示前者是方法、方向或态度，后者是目的。方志敏："并出发对民众讲演，唤起他们来爱国。"⑧跟"得"或"不"连用，表示可能或不可能。《儒林外史》："这教班子弄行头，不是数百金做得来的。"老舍："我又没有力气，干不来累活儿。"⑨往；过去。《史记》："比《乐书》以述来古。"⑩未来；将来。如：来日方长；继往开来。又指次于今年、此月、今天的。如。来月;来朝。⑪表示某一时间以后。《孟子》:"由周而来七百有余岁矣。"⑫表某段时间。杜甫:"小来习性懒,晚节慵转剧。"⑬从本身算起的第六代孙[在中国民俗中,祖制称呼一般写至自己上下各九代:上九代称:鼻祖、远祖、太祖、烈祖、天祖、高祖、曾祖、祖父、父亲;下九代称:儿子、孙子、曾孙、玄孙、来孙、弟孙、乃孙、云孙、耳(读réng)孙]。⑭助词。a.表示比况,相当于"一样"、"一般"。b.用在数词或数量词之后,表示约数。《红楼梦》:"这几个月,我又攒下十来吊钱了。"⑮语气词。用于句尾,相当于"咧"。《红楼梦》:"刚才奶奶和袭人姐姐怎么嘱咐来!"⑯及。⑰古地名。⑱姓。

棘

读音 jí

释义 同"棘"。酸枣。

棗

读音 zǎo

释义 同"棗(今作"枣")"。

奇

读音 qí

释义 ①特殊;不寻常。杜荀鹤:"自小癖于诗,篇篇恨不奇。"②出人意料;变幻莫测。如:出奇制胜。又奇秘之术也称奇。唐玄宗:"虔瓘心蕴六奇,折冲千里。"③美好;美妙。王士禛:"予意山之奇,在登眺;登眺之奇,在烟雨。"④泛指一切奇特的、异乎寻常的人或事物。王维:"探奇不觉远,因以缘源穷。"⑤引以为奇;感到惊异。《史记》:"滕公奇其言,壮其貌,释而不斩。"⑥长。《淮南子》:"圣人无屈奇之服,无瑰异之行。"⑦副词。极;甚;特别。段成式:"劫问少遲曰:'今岁奇寒,江淮之间不乃冰冻?'"⑧助词。常见于元明杂剧中,起衬音作用。王实甫:"我得他时节,手掌儿上奇擎。"⑨姓。

jī ①独一;单数。与"耦(偶)"相对。《易》:"阳卦奇,阴卦耦。"②奇邪;诡异不正。柳宗元:"必言其中正,而去其奇衺。"③不正规的;不正当的。《难经》:"二十七难曰:'脉有奇经八脉者,不拘于十二经。'"《史记》:"浮食奇民,欲擅管山海之货,以致富羡,役利细民。"④(遭遇)不顺当。《史记》:"大将军青亦阴受上诫,以为李广老,数奇,毋令当单于,恐不得所欲。"⑤余数,零头。《管子》:"果窳素食当十石,穰粃六畜当十石,则人有五十石,布帛麻丝,旁入奇利,未在其中也。"又特用以表示不足整数者。《汉书》:"春秋二百四十二年。日蚀三十六,襄公尤数,率三岁五月有奇而壹食。"⑥通"羁"。停留。⑦通"寄(jì)"。寄托。马融:"惟籊笼之奇生兮,于终南之阴崖。"

ǎi 矮。

yǐ 通"倚"。依靠。《史记》:"臧儿卜筮之,曰两女皆当贵,因欲奇两女,乃夺金氏。"

齮

读音 jǐ

释义 站立不正。

昔

读音 xī

释义 ①干肉。后作"腊"。《逸周书》:"菜,烩,五昔。"②从前;往日。《易》:"昔者圣人之作《易》也。"又昨日。《庄子》:"未成乎心而有是非,是今日适越而昔至也。"③久远;久旧。《史记》:"弓胶昔干,所以为合也,然而不能傅合疏罅。"④夜晚。《庄子》:"蚊蛇噆肤,则通昔不寐矣。"⑤终了;末尾。《吕氏春秋》:"孟夏之昔,杀三叶而获大麦。"⑥"通"错(cuò)"。粗糙。《周礼》:"老牛之角紾而昔。"⑦姓。

㫺

读音 xì

释义 "辖"的讹字。

春

读音 chūn

释义 ①一年四季的第一个季节。我国习惯称阳历正月至三月。杜甫:"好雨知时节,当春乃发生。"②泛指一年。曹植:"自期三年归,今已历九春。"③春色;喜色。陆凯:"江南无所有,聊赠一枝春。"④生长;生机。刘禹锡:"沉舟侧畔千帆过,病树前头万木春。"⑤东方。张衡:"飞云龙于春路,屯神虎于秋方。"⑥指男女情欲。《诗》:"有女怀春,吉士诱之。"⑦唐人呼酒为春。司徒空:"玉壶买春,赏雨峁屋。"⑧方言。广东称鱼卵为春。⑨姓。

春春春春
读音　chūn
释义　义未详。

某
读音　méi
释义　酸果。后作"梅"。

　　mǒu　代词。a.指失传的人名或时间。《公羊传》:"于是使勇士某往杀之。"b.指不定的人、地、事、物。如:某甲、某地、某种线索。c.指一定的人、地、事、物,不明言其名。《汉书》:"某时某丧,使公主某事。"d.指代我。李公佐:"生曰:"某以贱劣之躯,岂敢是望。"

某某
读音　méi
释义　同"槑(梅)"。

畐
读音　fú
释义　①满。②容器名。无足鬲。③同"幅"。
　　bì　逼,迫。

畐畐
读音　fù
释义　同"副"。居第二位的;次要的。

面

读音 miàn

释义 ①脸。如:脸孔;脸不改色。②当面。如:面谈;面交。③面具;假面。《旧唐书》:"舞者八十人,刻木为面。"④见,相见。苏轼:"半月不见,思企深剧。"⑤前;面前。《书》:"大辂,在宾阶面;缀辂,在阼阶面。"⑥向,对着。如:背山面水。⑦背;相背。《后汉书》:"丙午,赤眉君臣面缚,奉高皇帝玺绶,诏以属城校尉。"⑧向上。《仪礼》:"司射犹袒决遂,左执弓,右执一个,兼诸弦面镞适次,命拾取矢如初。"⑨物体的表面,有时特指某些物体上部的一层。如:水面;路面;面儿磨得很光。⑩砌;舖。如:面马路。⑪方面。如:片面;面面俱到。⑫古代秦国法律术语。指陪同秦使的他国队伍。⑬几何学上称线移动所成的形迹,有长、有宽,没有厚。如:平面;面积。又对点而言指扩大的范围。如:以点带面。⑭量词。用于有面的扁平的物体。如:一面镜子;一面旗子。又用于会见的次数。如:见过一面。⑮后缀。用于方位词的后面。如:上面;西面。⑯通"湎"。沉迷于酒。《马王堆汉墓帛书》:"刚强而虎质者丘,康沉而流面者亡。"⑰"麵"的简化字。

靤

读音 miǎn

释义 同"湎"。沉迷于酒。沉迷;迷恋。放纵;无节制。

酾
读音　suàn
释义　酾博(tuán,通"团")。

醶
读音　huì
释义　同"靧"(洗脸)。一说同"䐈"(脸肥胖)。

頁(今作"页")
读音　yè
释义　量词。指书册的一张。也作"葉(今作"叶")"。如:册页;活页。也指每张的一面。如:第一页;扉页。

xié　①头。②直项。

顓
读音　zhuàn
释义　①皆,都。②见。

贔
读音　bì
释义　同"贔"。

秦
读音　qín
释义　①古国名。秦襄公始立国,孝公时,成为战国七雄之一,定都咸阳。春秋时,奄有今陕西省地,故习称陕西为秦。②朝代名。我国第一个专制主义中央集权的封建王朝。公元前 206 年为刘邦所灭。③汉时西域诸国沿称中国为秦。④春秋时鲁地名。在今山东省范县。⑤东晋时十六国之一。a.公元 350 年,氐族贵族苻洪称三秦王。公元 350 年,子苻健称帝,建都长安,国号秦,史称前秦。b.淝水之战后,羌族贵族姚苌于公元 386 年称帝,国号秦,建都长安,史称后秦。⑥禾名。⑦香草名。一说木名。宋玉:"猎蕙草,离秦衡。"⑧通"蓁"。⑨姓。

秦
秦秦

读音　guō

释义　同"国"。

鬲

读音　lì

释义　①古代炊具。有陶制和金属制两种。圆口,三足,足中空而曲。《周礼》"鬲实五觳,厚半寸,唇寸。"②古代丧礼用的一种瓦瓶。《礼记》:"陶人出重鬲,管人受沫。"

gé　①鬲俞。针灸穴位名,在脊骨第七椎下旁各一寸五分。②通"隔"。a.阻隔。《管子》:"法令不得至于民,疏远鬲避而不得闻。"又格子。汪廷讷:"上有七层铁网,下有十八鬲。"b.古代的战备设施。《墨子》:"二十步一杀,杀有一鬲,鬲厚十尺。"③通"膈"。人和哺乳动物胸腔与腹腔之间的膜状肌肉。《素问》"心烦头痛,病在鬲中。"④通"楅"。大车轮。《周礼》:"彻广六尺,鬲长六尺。"⑤县名。汉置。在今山东省德州市东南。⑥姓。

鬹

读音　lì

释义　①去滓。②同"鬲"。古代炊具。

真（又作"眞"）

读音　zhēn

释义　①道家称"修身得道"或"成仙"的人。②淳。③本来的，固有的。④本原；本性。⑤真实。⑥真诚；诚实。⑦正。⑧身。⑨肖像，摹画人像。⑩古代指实授官职为真。⑪汉字楷书的别称。⑫真切；清楚。⑬古州名。⑭通"填（今作"填"）"。⑮姓。

蒖（蒖）

读音　diàn

释义　同"蒖"、"蒖"（今作"蒖"）。

夏

读音　xià

释义　①最初为中原古部族名，相沿用为中国人的称呼，也泛指中国。《书》："蛮夷猾夏。"②大。《诗》："夏屋渠渠。"③大屋。后作厦（亦作"厦"）。《九章》："曾不知夏不为丘兮。"④华彩。《周礼》："秋染夏。"⑤乐歌名。《诗》："肆于时《夏》。"⑥我国历史上第一个朝代，相传为夏后氏部落领袖禹之子启所建立的奴隶制国家。⑦我国历史上所建立的封建割据政权名。a. 东晋末，匈奴贵族赫连勃勃建立夏国，都统万城（今陕西省横山县），括有今陕西省大部分地区和内蒙古的部分地区。公元431年为吐谷浑所灭。b. 北宋初期，党项贵族赵元昊于公元1032年建立夏国，史称西夏，都兴州（今宁夏回族自治区银川市），据有今宁夏、甘肃地区。公元 1237 年为蒙古所灭。c.元末徐寿辉红巾军部将明玉珍于公元 1362 年建立夏国,都重庆,据巴蜀地区,公元 1371 年,为明太祖所灭。⑧我国历史上农民起义建立的政权名。隋末农民起义领袖窦建德于公元 618 年建立夏国,都乐寿(今河北省永年县东),据有河北省大部郡县。公元 621 年为唐朝所灭。⑨古水名。故道从湖北省沙市东南分长江水东出,流过今监利县北,折而东北至仙桃市治附近流入汉水。据说冬涸夏流,所以称夏水。⑩春秋时楚地名。⑪古州名。北魏太和十一年(公元 487 年)置夏州,以原统万城为治所,改名岩禄(今陕西省横山县西北白城子)。唐夏州属关内道,改岩禄名朔方。辖境包括今陕西省大里河以北的红柳河流域及长城迤北一带。元废。⑫县名。北周改南安邑县为夏县,即今山西省夏县。⑬通"暇"。闲暇;空闲。⑭通"假(jiǎ)"。宽假;宽容。《诗》:"不大声以色,不长夏以革。"⑮通"雅(yǎ)"。⑯一年四季的第二季,农历四月至六月。《书》:"以正仲夏。"⑰姓。

jiǎ ①[陽(今作"阳")夏]古县名。秦置。治所在今河南省太康县。②通"檟"。按:夏、楚即檟、楚,本木名,借指此二木所制的扑责之具。引申为鞭笞。《聊斋志异》:"业夏楚之。"

夏
夏夏

读音　xià

释义　同"夏"。

原

读音　yuán

释义　①水流起头的地方。司马光："臣闻澄其源则流清,固其本则木茂。"②根本;根源。《礼记》："必达于礼乐之原。"《潜夫论》："游业末事,以收民利,此贫邦之原也。"④推求本源;推究。《易》："《易》之为古也,原始要终,以为质也。"《汉书》："《春秋》之义,原心定罪。"⑤文体名。徐师曾："自唐韩愈作五原,而后人因之……其题或曰原某,或曰某原。"⑥最初的;没有经过加工的。如:原生动物;原油;原料。⑦原来的。如:原籍;物归原主。⑧副词。本来;原来。薛能："甘贫原是道,苦学不为名。"⑨原谅;谅解。如:情有可原。⑩再;重。《淮南子》："原蚕一岁再收,非不利也,然而王法禁之者,为其残桑也。"《资治通鉴》："闰月,庚申朔,蜀主作高祖原庙于万里桥。"⑪依然;仍然。《水浒续集》："朱全道:'这里恐不稳便,原到我家去罢。'"⑫宽广平坦的地面。如:平原;高原;草原。⑬田地。可耕种的土地。《诗》："度其隰原,彻田为粮。"⑭原羊。后作"羱"。《后汉书》："又禽兽异于中国者,野马、原羊、角端牛。""⑮通"愿(yuàn)"。谨慎;拘谨。《荀子》："孝弟原悫……是庶人之所以取暖衣饱食、长生久视以免于刑戮也。"⑯古国名。在今河南济源县境。⑰姓。

原
原原

读音　yuǎn

释义　同"原(源)"。亦作"厡"。

區(今作"区")

读音　qū

释义　①[踦区]隐藏。②地区;一定的地域范围。鲁迅:"我生长在偏僻之区。"③行政区划单位。如:自治区;市辖区;县辖区等。④划分;分别。章学诚:"惟诗赋一略,区为五种。"⑤居处。《论衡》:"虫鱼介鳞各有区处,犹人之有室宅楼台也。"⑥小屋。《汉书》:"时监军御史为奸,穿北军垒垣以为贾区。"⑦用于建筑物的量词,相当于"栋"、"间"、"所"、"座"、"个"等。刘禹锡:"贞观中增筑学舍千二百区。"《农政全书》"凡所居之地间有泉流稍细,可选低处,置碓一区。"⑧小。方孝孺:"彼岂用区区之才智以服人哉!"⑨玉的计数单位。十件为"區"(今作"区")。⑩通"句(勾 gōu)"。弯曲。《管子》:"冰解而冻释,草木区萌。"⑪姓。

ōu　①古代容器。又用为容量单位。《左传》:"齐旧四量,豆、区、釜、钟。"②藏匿。③姓。

qiū　用田埂隔开的一块一块的田。后作"坵"。周济:"何来一区田,不种粳,不种秋。"

kòu　[區霿]也作"㲉霿"。昏昧。《汉书》:"四者皆失,则区无识。"

㊙（漚）

读音　ōu

释义　同"鏂"。

kōu　同"剾"。

垚(今作尧)

读音　yáo

释义　①至高貌。《墨子》:"天地不昭眼,大水不潦潦,大火不燎燎,王德不尧尧者,乃千人之长也。"又孤高貌。②古帝陶唐氏之号。③姓。

㚤

读音　qiào

释义　向上翘起。也作"翹(今作"翘")。

辜

读音　gū

释义　①罪,罪过。《明史》:"君则有罪,民复何辜?"②肢解,分裂肢体。《周礼》:"凡沈辜侯禳,饰其牲。"又指弃市暴尸的酷刑。《周礼》:"杀王之亲者辜之。"③加罪;惩处。《说苑》:"子石曰:"昔者吴王夫差不听伍子胥尽忠极谏,抉目而辜。"⑤害。《后汉书》:"士卒死者如积,迄今被其辜毒。"⑥农历十一月的别称。⑦辜负,对不住。王安石:"不敢因循苟简,以辜大君子推引之意。"⑧通"固(gù)"。副词。必定。《后汉书》:"姑洗:洗,洁也。言阳气洗物,辜洁之也。"⑨通故

(gù)"。缘故。《史记》:"般纷纷其离此龙兮,亦夫子之辜也。"⑩通"苦(kǔ)"。困苦;痛苦。《春秋繁露》:"终身愁辜。"⑪姓。

辜辜
读音 gù
释义 同"辜"。

雲(今作"云")
读音 yún
释义 ①悬浮在空中由大量水滴、冰晶或兼由两者组成可见的聚合体,主要由水气在空中冷却凝结所致。苏轼:"云蒸雾起。"②形状像云的。《史记》:"拖蜺旌,靡云旗。"③世代很远的子孙。范成大:"云仍无肖似,俯首愧前哲。"④比喻高。《后汉书》:"云车十余文,瞰临城中。"⑤比喻多。贾谊:"天下云集而响应。"⑥方言。昏眩。陆游:"蜀人谓病风者为云。"⑦中医指湿气。《素问》:"凉雨时降,风云并兴。"⑧云南省的简称。⑨姓。

雲雲雲
读音 duì
释义 云貌。

雲雲雲
读音 nóng
释义 云广貌。

雷
读音 léi
释义 ①带异性电的两块云相接近时,因放电而发出的强大声音。杜甫:"十月荆南雷怒号。"又打雷。《格物粗谈》:"未雨先雷。"②比喻迅疾。柳宗元:"千里雷驰。"③一种爆炸性的武器。如:布雷、扫雷。④通"罍"。古酒器名。⑤汉侯国名。⑥雷州的简称。唐置。在今广东省海康县。⑦姓。

lèi ①通"礌"。a.古代作战时从高处推下石头,以打击敌人。也指用以击敌的石块,郑玄:"作枪雷推棹之属。"b.击鼓。也作"擂"。曹操:"雷鼓一通,吏士皆严。"

雷雷雷 读音 bìng
释义 [~~]雷声。

雷雷雷雷 读音 bèng
释义 云多而广的样子。

南 读音 nán
释义 ①方位名。清晨面向太阳时右手的一边。②姓。

nā [南无(mó)]梵文音译名词。佛教徒常用来加在佛、菩萨名前,以表示崇敬和皈依。

南南 读音 zǎo
释义 同"早"。

𡗦
读音　zào
释义　义未详。

其
读音　qí
释义　①他(她、它);他(她、它)们。②那;那个。③表示反问,相当于"难道"。④如果。⑤助词,虚用,无实义。⑥姓。

𠀤
读音　qí
释义　义未详。

贡
读音　gòng
释义　①进献。古指把物品献给天子。《书》:"厥贡漆丝。"②贡品。李希圣:"纳贡献地称臣。"③相传为夏代税法之名。《孟子》:"夏后氏五十而贡,殷人七十而助。"④进。《潜夫论》:"选举实则忠贤进,选虚伪则邪党贡。"⑤荐举。《三国志》:"后贡恢于州。"⑥溃。班固:"周贾荡而贡愤兮。"⑦上。⑧赐。⑨告。《韩非子》:"二者诚信,下乃贡情。"⑩水名。在今江西省境内。⑪姓。

顨
读音　zhàng
释义　义未详。

老
读音　lǎo
释义　①年岁大。②老年人。③对老年人的尊称。④尊敬,赡养。⑤年老停职休养。⑥变老。⑦陈旧的;很久以前存在的。⑧经历长,有经验的。⑨一直,长时间地。⑩前缀,用于人称排行次序和某些动物名。⑪姓。

耂耂(耂耂)　读音　hǔn
　　　　　　　释义　年老,高龄。

耂耂耂　读音　xiòng
　　　　　释义　义未详。

耂耂耂耂　读音　wàng
　　　　　　释义　义未详。

若　读音　ruò
　　　释义　①杜若,一种香草。②如同;好像。③及;比得上。④如果。⑤选择。⑥顺。⑦你,第二人称代词。⑧这,这样;那,那样。⑨与,和。⑩乃,才。⑪助词,虚用,无实义。⑫用在某些词的后面,表示事物的状态,相当于“……的样子”。⑬姓。
　　　rě　[般若]梵语音译用字,意为“智慧”。

若若　读音　yuè
　　　释义　[~~]风吹水的样子。

若若若若　读音　niǎo
　　　　　释义　义未详。

苟	读音	gǒu
	释义	①随便，随意。②姑且，暂且。③假如，如果。④姓。

茍茍 茍茍	读音	yáo
	释义	同"肴"。

茟	读音	yè
	释义	同"葉"。

蒳蒳	读音	zhá
	释义	同"蘫"。

不	读音	bù
	释义	①无，没有。②非，不是。③表示否定。

秠	读音	zhī
	释义	义未详。

"丨"部

上　**读音**　shàng　shǎng（又音 shàng）
　　　释义　①高处的位置，与"下"相对。②由低到高。③旧指君主、长辈或地位高的人。上声，汉语声调之一（平、上、去、入，今为阴平、阳平、上声、去声。无入声）。④姓。

上　**读音**　shàng
　　　释义　义未详。

上　**读音**　shàng
　　　释义　义未详。

垚　**读音**　yán
　　　释义　义未详。

山　**读音**　shān
　　　释义　①地面上由土石构成的隆起部分。《书》"为山九仞，功亏一篑。②特指五岳（今作"岳"）。③坟墓。《水经注》"秦名天子冢曰'山'。"④像山的（东西）。如：山墙。也指蚕簇。如：蚕上山了。⑤山状饰纹。《礼记》"夏后氏山，殷氏火。⑥大，巨大。《红楼梦》"碰的头山响。"⑦山里边。古指僧道、隐士的住处。

关汉卿:"则不如趁早归山去。"⑧谦词。如:山妻。
⑨粗俗。汤显祖:"你道山不山?中了状元一道烟。"
⑩姓。

屾 读音 shēn
释义 二山。卫元嵩:"屾八八。"一说同"山"。

𪭖 读音 chù
释义 同"出"。

𡵻 读音 shì
释义 义未详。

口 读音 kǒu
释义 ①人和动物用来发声和进饭食的器官。
房千里:"滋味不甘于口舌。"又用为动词。相当于
"说"。梁启超:"则虽日日手西书,口西语,其奴性自若
也。"②泛指言论、言语。黄遵宪:"我手写我口,古岂能
拘牵?"③口才。《史记》:"平原君为人辩有口。"④亲口
(吃或说);口头的(区别于书面的)。《汉书》"又因弟
阳都侯彭祖口陈至诚。"《儒林外史》:"凤四老爹只是
笑,并无一句口供。"⑤口味。如:可口。⑥人;人口。
《孟子》:"百亩之田,勿夺其时,数口之家可以无饥矣。"
⑦出入通过的地方。如:关口;门口。⑧特指长城的关
口。老舍:"骆驼——在内负重惯了的——是走不快

的。"⑨容器通外面的部分。如:瓶口;缸口。⑩破裂的地方。如:裂口;创口;河堤决口。⑪港口,通商码头。严复:"于是不得已而连有廿三口之开。"⑫武器或工具的锋刃。如:刀口;剪刀口。⑬中医术语,寸口的简称。《史记》:"(仓公)所以知(齐郎中令)循病者。切其脉时,右口气急。"⑭量词。高玉宝:"一个人放十二、三口猪,真不好放!"⑮牲畜的年龄。因牲畜的年龄可由牙齿的多少看出。如:六岁口,这匹马口还轻。⑯系统,行业。如:农林口;对口赛。⑰发问;询问。也作"訋"。《公羊传》:"公子翚恐若其言闻乎桓,于是谓桓曰:'吾为子口隐矣。隐曰:吾不反也。'"⑱姓。

吅 读音 xuān

释义 同"喧"。大声呼叫;声音杂乱。也作"谊"、"讙"。

sòng 同"讼"。争讼。

吕 读音 lǚ

释义 ①脊骨。《急救篇》:"尻髋脊膂腰背吕。"②我国古代乐律中的阴律的总称。《汉书》:"律有十二,阳六为律,阴六为吕。"③长。④以口相接。⑤通"旅"。客舍。《睡虎地秦墓竹简》:"自今以来,叚门逆吕……勿鼠(予)田宇。"⑥古国名。故地在今河南省南阳西。周时赐姓姜。春秋初年为楚所灭。⑦地名。

58

a.吕县。春秋宋邑。在今江苏省铜山县东南。b.吕州。春秋晋邑。在今山西省霍县西南。⑧姓。

朤

读音 líng

释义 ①众鸟。②众声。

品

读音 pǐn

释义 ①众多。王禹偁:"天道不言而品物咸亨。"②事物的种类。《书》:"厥贡唯金三品。"③等级。康有为:"夫人类之生,皆本于天。同为兄弟,实为平等,岂可妄分流品。"④我国封建社会的一种官阶、爵阶。《红楼梦》:"自贾母等有爵者,俱各按品大妆。"⑤品格,指人的德行、风貌。周立波:"你看萧队长人品多高。"⑥格调。严羽:"诗之品有九。"⑦标准;基准。《汉书》:"群盗起不发觉,发觉而弗捕满品者,二千石以下至小吏主者皆死。"⑧法式,法则。《汉书》:"叔孙通遁秦归汉制作仪品。"⑨评论;衡量。李峤:"品量才行,褒贬得失。"⑩演奏乐器。多用于吹奏箫管,也用于其他乐器。佚名:"将箫来我试一曲咱。"⑪乐器的构件名。指月琴、琵琶等乐器上的弦枕木。也称"柱"、称"驹"。《儿女英雄传》:"就把怎的拨弦怎的按品……指使的他眼耳手口随了一个心,不曾一刻少闲。"⑫量词。a.佛教经论的篇章。出自梵语"跋渠",义译为"品"。毛奇龄:"志其所著儒佛书一百余品,合为卷二百三十有四。"也有寺庙称"品"的。相当于"座"。**黄朝英**：
"某年某月毁招提蓝若四万余品。"b. 药物、菜肴一味称
一品。《金史》："贮汤药二十六品。"⑬古地名。**唐**、**宋**
皆有品州，约在今四川省宜宾地区境内。⑭姓。

读音 jí
释义 ①众口。②喧哗。

léi ①同"雷"。②一种有机化合物名（porphin）。
或称"卟吩"。是由四个吡咯环通过四个碳原子所构成
的一个多杂环化合物。

读音 yǎ
释义 同"哑"。

yā 同"呀"。

读音 yín
释义 同"嚚"（亦作"嚚"）①哑，有声而不能成
语。②愚顽。《书》："父顽母嚚。"③言不忠信，奸诈。
《书》："吁，嚚讼。可乎？"）

读音 jí
释义 同"品"。

léi 同"品"。

读音 yín
释义 同"嚚"。

巾

读音　jīn

释义　①手巾;擦抹用的织物。《仪礼》:"沬,巾一;浴,巾二。"②缠束或覆盖用的织物。如:车巾、领巾;围巾。③头巾,冠的一种。《风俗通》:"巾所以饰首,衣所以蔽形。"④古代送葬时引柩所用的布。《仪礼》:"巾待于阼阶下。"⑤巾箱。<u>颜延之</u>:"缨笏而序,巾卷充街。"

𢂷

读音　bèi

释义　行貌。

𢂺

读音　cháng

释义　义未详。

𢃇

读音　cháng

释义　义未详。

𠦄

读音　huì

释义　同"卉"。

㞢

读音　zhī

释义　同"之"。

艸

读音　cǎo

释义　同"草"。

止

读音　zhǐ

释义　①足;脚。后作"趾"。《仪礼》:"御衽于

61

奥,滕衽良席在东,皆有枕,北止。"②至,临。《诗》:"鲁侯戾业,言观其旗。"又截止。如:我们的暑假,从七月二十日起到八月三十日止。③停止。如:止步;生命不息,战斗不止。又终结处。如:无休无止;叹为观止。④静止。《庄子》:"人莫鉴于流水而鉴于止水。"⑤处所;居处。皮日休:"居不必野,惟性之寂;止不必广,唯心之适。"又职位。《书》:"禹曰:'安汝止。'"⑥居住。《诗》:"邦畿千里,维民所止。"又栖息。《诗》:"交交黄鸟,止于桑。"⑦停留;逗留。《孙子》:"合于利而动,不合于利而止。"⑧留住;拘留。《论语》:"(丈人)止子路宿。"《左传》:"梁由靡御韩简,彘射为右,辂秦伯,将止之。"⑨聚集。《庄子》:"虚实生白,吉祥止止。"⑩禁止;逼止。《吕氏春秋》:"口虽欲滋味,害于生则止。"朱德:"朋辈志同意自投,团成砥柱止中流。"⑪除灭;治愈。《吕氏春秋》:"无几何,疾乃止。"⑫减省。《周礼》:若谷不足,则止余灋(今作"法")用。"⑬容止,礼貌。《诗》:"相鼠有齿,人而无止。"⑭乐器,击柷的槌子。⑮副词。相当于"仅"、"只"。如:止此一家;不止一回。⑯助词。用于句末,无义。《诗》:"既曰归止,曷又怀止?"⑰地基。后作"址"。《徐霞客游记》:"岈间有颓垣遗构,为玉峰寺废止。"⑱通"沚"。水中的小洲。⑲通"之(zhī)"。a.作指示代词。裴学海:《诗》:"高山仰止,景行行止。'。"b. 往。《荀子》:"见由则恭而止,见闭则敬而齐。⑳通"豸(zhì)"。无脚的虫。《庄子》:"祸及止虫。"㉑姓。

此止	读音	qí
	释义	同"歧"。

走（辵）	读音	zǒu
	释义	同"走"。

歨	读音	sè
	释义	同"澀(今作"涩")"。

歮	读音	sè
	释义	同"涩"。

日	读音	rì
	释义	①太阳。《诗》:"其雨其雨,杲杲出日。"

②昼,白天。《孟子》:"仰而思之,夜以继日。"③地球自转一周的时间,一昼夜。《书》:"五纪:一曰岁,二曰月,三曰日,四曰星辰,五曰历数。"④每天;一天天地。陶潜:"园日涉以成趣,门虽设而常关。"⑤他日;改天。《列子》:"日以俱来,吾与若俱观之。"⑥往日;从前。《左传》:"日卫不睦,故取其地。"⑦记历的单位,特指一个月内的某天。如:六月十日。⑧光阴,时间。《汉书》:"旷日经年,靡有毫厘之验。"⑨节度。《占经》引

《春秋无命包》："日之为言实也,节也,含一。开度立节,使物咸别,故谓之日。言阳布散合如一,故其立字,四合共一者为日,望之度尺,以千日立。"⑩旧时指日辰的吉凶禁忌。《论衡》："世俗既信岁时,而又信日。"⑪二。⑫国名。a. 日本国的简称。b. 日斯巴尼亚(西班牙)的简称。

眀

读音　xuān

释义　明。

晶

读音　jīng

释义　①光亮。刘禹锡："昏镜非美金,漠然丧其晶。"②明净。宋之问："八月凉风天气晶,万里无云河汉明。"③日,太阳。卫元嵩："晶冥炎潜。"④水晶的简称。一种矿石,古又名水玉,石英。如:茶晶;墨晶。⑤晶体。如:结晶;单晶硅。又喻果实,成果。臧克家:"人民的意志,人民的希望结了晶。"

号

读音　háo

释义　①大声哭。古籍通作"号",也写作"嚎"。②同"号"。呼喊。

hào　同"號"。今为"號"的简化字。

xiāo　同"呺"(大而中空貌)。

号号

读音　hào

释义　同"號"(今作"号")。

目
读音 mù
释义 ①人的眼睛。《易》："巽而耳目聪明。"也指动物的眼睛。魏伯阳："鱼目岂为珠。"②看;注视。黄燮清："徐泗更萧条,道路不忍目。"③以目表示愤懑。《国语》："国人莫敢言,道路以目。"④以目示意。《史记》："吕公因目固留高祖。"⑤看待。白居易："不知天壤内,目我为何人。"⑥看法。《北史》："天不改目,贪暴敛手。"⑦看重。韩愈："军中皆目之。"⑧眼力;眼界。王之涣："欲穷千里目,更上一层楼。"⑨孔眼。《韩非子》："善张网者,引其纲,不一一摄万目而后得。"⑩要目;条目。《论语》："请问其目。"又生物学把同一纲的生物按照彼此相似的特征分为几个群叫目。如:鸟纲中有雁形目、鸡形目等。⑪目录。如:参考书目。⑫名;名目。《后汉书》："随其罪目,宣示属县"。又数目。《辽史》："户出粟庤仓,社司籍其目。"⑬称,称呼。《文心雕龙》："别目两名,自近代耳。"⑭标题。刘知几："编而次之,以类相从,各为其目。"⑮品评;品题。《后汉书》："卑辞厚礼,求为己目。"⑯首领;头领。《元典章》："仰各头目,用心照管。"⑰树木枝干纹理纠结不顺的部位。《吕氏春秋》："尺之木必有节目。"⑱姓。

盯
读音 jù
释义 同"瞿"。左右惊视。

晶　读音　mò
释义　①美目。②美的样子。③目深。

兄　读音　xiōng
释义　①哥哥。如:胞兄;堂兄。也借用称姊妹中之年长者。《孟子》:"弥子之妻,与子路之妻,兄弟也。"②亲戚中同辈而年龄比自己大的男性。如:表兄。③朋友相互间的尊称。如:仁兄;学兄。

kuàng　①同"况"。a. 滋益;增加。《诗》"职兄斯引。"b. 连词。况且。《马王堆汉墓帛书》:"天地,而弗能久,有兄于人乎?"②通"怳(huǎng)"。

兄兄　读音　kūn
释义　同"昆"。

田　读音　tián
释义　①打猎。后作"畋"。《易》:"田无禽。"又特指春季打猎和习宾之礼。《谷梁传》:"四时之田,皆为宗庙之事也。春日田……。"②耕种的土地。李绅:"四海无闲田。"③耕种田地。后作"佃"。王安石:"去归岂能田?"④古代统治者赐给亲属臣仆的封地。《左传》:"乃弗与田。"⑤可供开采某些资源的地带。如:煤田;地热田。⑥古代管理农事的官,即田畯。《管子》:"后稷为田。"⑦古代的一种地籍单位和生产活动单位。《国语》:"季康子欲以田赋。"⑧大鼓。《诗》:

"应田县(xuán)鼓。"⑨人体部位,俗称丹田。张君房:
"寸田尺宅可治生。"⑩佛教用语。田为生长之意,凡人
或事,能够长养终行人德性或善报者,皆为田。如:福
田。又心识能生善恶之苗,亦名为田,即心田。⑪姓。

畺　**读音**　jiāng
　　释义　同"畺(疆,今作"疆")"。

畾　**读音**　léi
　　释义　①同"靁(雷)"。②田间;田间的土地。
③同"壘(今作"垒")"。筑土为营垒。③古时盛土器。
也作"虆"。

畾畾　**读音**　léi
　　释义　亦作"畾"。同"靁(雷)"。

甲　**读音**　jiǎ
　　释义　①古时战士的护身衣,用皮革或金属制
成。也叫"铠"。黄巢:"满城尽带黄金甲。"②兵,兵士。
《左传》:"尖甲将攻之。"③某些动物护身的硬壳。左
思:"葺鳞镂甲。"④手指和脚趾上的角质层。《聊斋志
异》:"左右四指,并卷如钩,入木没甲。"⑤草木萌芽时
的外皮。《易》:"雷雨作而百果草木皆甲坼。"⑥现代用
金属做成的有保护功用的装备、外壳。如:甲板;装甲
车。⑦天干的第一位,用以记年、月、日。《九章》:"甲

67

之矗吾以行。"⑧五行属木,因以为木的代称。王钦若:
"甲未及燃,而密云四合,甘泽大澍。"又甲木主仁,以甲
名仁。《太玄》:"次七,庚断甲,我心孔硕,乃后有铄。"
⑨序数第一的代称。如:甲乙丙丁。⑩居第一,冠于。
于石:"西湖胜概甲东南。"⑪六十甲子的省称。如:年
过花甲。⑫古代科举制度中对甲科(即进士科)的简
称。郑德辉:"占鳌头,登上甲。"⑬等级;级别。《宋
史》:"进士始分三甲。"⑭用来称失名的人或文学作品
中虚构的人名。《史记》:"奋长子建,次子甲。"⑮旧时
户口编制单位。施惠:"十家为甲。"⑯荷兰殖民者在统
治台湾时期计算地积的单位。1 甲 = 0.97 公顷。⑰脊
背上部跟两胳膊接连的部分。后作"胛"。《素问》:"膺
背、肩甲间痛。"⑱通"夹"。从两个方面来的。《书》:
"因甲与内乱"。⑲通狎(xiá),亲昵。《诗》:"虽则佩
韄,能不我甲。"⑳用同"押(yā)"。签押。《新唐书》:
"吏部、兵部附甲团奏。"㉑姓。

甲甲	读音	chà
	释义	①幕宇甲声。②雪中行。

甲甲甲	读音	chā
	释义	义未详。

申	读音	shēn
	释义	①电。②伸展;舒展。后作"伸"。《战国

策》:"衣焦不申。"又延长。《新唐书》:"坦诣府请申十日,不听。"③说明,申述。如:重申党的纪律。④明;明白的。《后汉书》:"罪无申证,狱不讯鞠。"⑤重复;再。陆机:"而加之以笃固,申之以节俭。"⑥约束。《孟子》:"申之以孝悌之义。"⑦至;到。《九辩》:"独申旦而不寐兮。"⑧旧日向长官呈公文。《唐六典》:"其供桥杂匠料须多少,预申所司。"⑨地支的第九位。a.与天干相配用以纪年。如:一九四四年为甲申年。b.用以纪月,即农历七月。c.用以纪日。d.用以纪时,即十五时至十七时。e.星次的序数之一。《淮南子》:"孟秋之月,招摇指申。"⑩十二生肖属猴。《论衡》:"申,猴也。"⑪施;用。李邕:"铦戈申于破竹。"⑫通"信(xìn)"。信,守信。《管子》:"申主任势,守数以为常。"⑬通神(shén)"。鬼神。《马王堆汉墓帛书》:"非其申不伤人也。"⑭通"呻"。呻吟。《庄子》:"熊经鸟申,为寿而已矣。"引申为吟咏。李白:"苦心不得申长句。"⑮周代国名。姜姓,传为伯夷之后。故城在今河南省南阳市。⑯古州名。北周置。故地在今河南省信阳县南。⑰上海市的别称。因境内的黄浦江别称春申江,简称申江而得名。⑱姓。

申申	读音	shēn
	释义	同"申(申)"。

且

读音 qiě

释义 ①取。《老子》："今舍慈且勇，舍俭且广，舍后且先，死矣。"②代词。此；这。《诗》"匪且有且，匪今斯今。"③副词。a.将近；几乎。《资治通鉴》："上晚年多内宅，小王且二十人。"b.将要。《淮南子》："故天之且风，草木未动而鸟已翔矣"。c.姑且；暂且。杜甫："存者且偷生，死者长已矣。"d.只；但。《水浒传》"我自要干大事，那里且报小仇。"e.倒；却。《警世通言》："两个老的且自来到这里了。"f.指经久地，长时间地。如：他要一说话，且完不了呢。④连词。a.表示并列关系，相当于"又"、"而且"。沈约："河汉纵且横，北斗横且直。"b.表示相承关系。相当于"一边……一边……"。《史记》："且引且战。"c.表示选择关系，相当于"抑或"、"或者"。《史记》："富贵者骄人乎？且贫贱者骄人乎？d.表示递进关系，相当于"况且"。《三国志》："曹操之众，远来疲弊……且北方之人，不习水战。"e.表示假设关系，相当于"若"、"假如"。《史记》："君且欲霸王，非管夷吾不可。"⑤助词。a.用于句首，相当于"夫"。《史记》："且为知者固若此乎！"b.用于句中。《庄子》："谁独且无师乎？"⑥姓。

jū ①同"俎"。②盛；多。《诗》："有萋有且。"③农历六月的别称。④语气词。用于句尾，表示感叹语气。《诗》:"狂童之狂也且!"⑤骏马。后作"驵"。《新书》:"脚骖乘且。"⑥同"雎"。⑦通"徂(cú)"。往。曹操:"号泣而且行。"

䀙 读音 qiè
释义 义未详。

囚 读音 qiú
释义 ①拘系;监禁。《史记》:"斯卒囚,就五刑。"②犯人。如:罪囚;死囚;阶下囚。又指犯人的罪案。《汉武故事》:"廷尉上囚,防年继母陈杀父,囚杀陈;依律,年杀母,大逆论。"③俘获。《左传》:"囚申公子仪,息公子边以归。"又指被俘获的敌人。《左传》:"明日复战,乃逸楚囚。"④围困;限制。《汉书》:"赵囚邯郸。"鲁迅:"眼光囚在一国里,听谈彼得和约翰就生厌,定须张三李四才行。"

㘞 读音 léi
释义 义未详。

囝 读音 zōng
释义 义未详。

䎧 读音 mín
释义 同"明"。

虫
读音　huǐ
释义　毒蛇。后作"虺"。
chōng　同"蟲"。今为"蟲"的简化字。

蚰
读音　kūn
释义　虫类的总称。许冲："而天地鬼神、山川草木、鸟兽蚰虫……莫不毕载。"

蟲
读音　chóng（今作"虫"）
释义　①古代一切动物的通称。如：大虫；长虫。②昆虫。柳宗元："碧空残月曙，门掩候蟲秋。"特指某些危害人体的虫类。柳宗元："去死肌，杀三虫。"③虫灾。《旧唐书》："是岁，天下四十余州旱及霜虫，百姓饥乏，关中尤甚。"④地名。春秋邾国邑名。在今山东省济宁县境。⑤姓。

　　zhòng　虫咬。

　　tóng　[蟲蟲]后作"爞爞"。热气蒸人的样子。《诗》："旱既大甚，蕴隆蟲蟲。"

因
读音　yīn
释义　①依靠；凭借。如：因人成事；因地制宜。②沿袭，承接。《逸周书》："城方千七百二十丈，郛方七百里，南系于洛水，北因于剌山。"③顺遂；顺着。《金史》："宗弼乃因老鹳河故道开三十里通秦淮，一日一夜而成，宗弼乃得至江宁。"④亲；亲近。《诗》："维此王季。因心则友。"⑤原因;缘故。如:事出有因;前因后果。⑥因缘。佛教名词。梵文 Hetupratyaya,意译为"因缘",指能形成事物,引起认识和造就"业报"等现象所依赖的原因和条件。简称为"因"或"缘"。王维:"了观四大因,根性何所有?"⑦中国古代数学用语。乘。梅元鼎:"以勾股积六十尺四因之,得二百四十尺。"⑧佛教因明学(梵文 Hetuvidya,包括逻辑学和认识论)术语。因(Hetu)指推理的根据、理由,相当于逻辑学里的小前提。⑨表示比况,相当于"犹"、"如同"。《战国策》:"蜻蛉其小者也,黄雀因是以(已)。"⑩介词。a.表示依据,相当于"依照"、"根据"。《史记》:"善战者因其势而利导之。"b.表示时间、时机,相当于"乘"、"趁"。《史记》:"此天亡楚之时也。不如因其机而遂取之。"c.表所经,相当于"由"、"经"、"通过"。《史记》:"梁王恐,乃使韩安国因长公主谢罪太后,然后得释。"d.表示原因,相当于"因为"、"由于"。如:因噎废食。⑪连词。表承接关系,相当于"因而"、"于是"。《书》:"崇乱有夏,因甲于内乱。"⑫通"姻"。⑬姓。

囙

读音　yīn

释义　义未详。

圂

读音　yīn

释义　义未详。

网（罒） 读音　wǎng
释义　（罒、冈均同）。今为"網"的简化字。

晶 读音　mò
释义　同"晶"。

呈（亦作"呈"） 读音　chéng
释义　①平。②呈现，显露。曹植："延颈秀项，皓质呈露。"③送东西给人的敬词。《水浒全传》："一面串呈本府，一面动了一纸海捕文书。"④旧时公文的一种，用于下对上。《儒林外史》："老爹，我而今就写呈去自首。"⑤通"程"。标准；法式。《尹文子》："名有三科，法有四呈。"⑥姓。⑦炫耀。《新唐书》："然恐无呈身御史。"

chěng　通"逞"。快意。

kuǎng　①同"恇"。②通"狂"。

罜 读音　nàng
释义　宽。["罜"与"罜"是否为同一字，如"呈"即为"呈"字之同字之另一写法然，无确切把握，姑存，且待后考，当以方家之所定见为然。——编者注]

呆 读音　bǎo
释义　同"保"。

dāi ①痴，傻。如：呆头呆脑；呆若木鸡。②停留；居住。周立波："刘桂兰呆在赵家。"

ái 死板；不灵活；不自然。如：别看他样子呆板，心倒很灵活。

槑
读音　mèi
释义　同"梅"。

貝（今作"贝"）
读音　bèi
释义　①蛤、螺等有壳软体动物中腹足类和瓣鳃类的统称。体软无节，外束膜一层曰外套膜，能分泌液质，结构成壳，名为介。古以贝的介壳为货币，或用为装饰品。宋玉："腰如束素，齿如含贝。"②古代货币。《盐铁论》："夏后以玄贝，周人以紫石，后世或金钱、刀布。"③锦上的贝形花纹。《诗》："萋兮斐兮，成是贝锦。"④古乐器名。杨衒之："晨夜礼佛，击鼓吹贝。"⑤古州名。故地在今河北省清河县。⑥印度贝多或贝多罗树的简称。佛教徒以其叶写经。皮日休："数叶贝书松火暗，一声金磬桧烟深。"⑦姓。

賏
读音　yīng
释义　颈饰。

贔
读音　bì
释义　①[贔屃]也作"贔屭"。a.壮猛有力貌。

张衡："巨灵赑。"b. 蠵龟的别名。c. 一说鳌；雌鳌。②巨大；壮猛。张读："有大鹿兴于前，赑然其躯，颇异于常者。"③怒而作气之貌。《水经注》："浑洪赑怒，鼓若山腾。"

見（今作"见"）

读音　jiàn

释义　①看到。陈子昂："前不见古人，后不见来者。"②进见；会见。《孟子》："孟子见梁惠王。"③接见。《史记》："秦王坐章台，见相如。"④遇见。《韩非子》："王寿负书而行，见徐冯于周涂。"⑤接触。如：见光；见水。⑥见地；见解。如：高见；愚见。⑦了解；知道。《左传》："他日吾见蔑之面而已，今吾见其心矣。"⑧预料；预见。《孙膑兵法》："见胜而战，弗见而诤，此王者之将也。"⑨听到。《红楼梦》："旺儿见这话，知道刚才的话已经走了风了。"⑩比试；较量。如：见高低；见输赢。⑪打算；拟议。张籍："见欲移居相近住，有田多与种黄精。"⑫助词。用在动词前面表被动，并兼有指代自己的作用。《渔父》："众人皆醉我独醒，是以见放。"⑬用在动词后面表示结果。如：碰见。⑭在动词后面，表示动作持续。韩偓："长吁解罗带，惧见上空床。"⑮表示出处或须参考的地方。如：事见《史记·项羽本纪》。⑯棺罩，盖在棺上的装饰物。《仪礼》："藏器于旁加见。"⑰姓。

覞

读音 yào

释义 ①两人相对而视。卫元嵩："覞于丑,观夫众也。"②普视。

覞覞

读音 yīng

释义 义未详。

串

读音 guàn

释义 ①习惯;习俗。《南史》："宗军人串噉粗食。"②指亲近的人。谢惠连："因歌遂成赋,聊用布亲串。"

chuàn ①将物品连贯在一起。如:贯串;串珠子。亦指连贯而成的物品。如:钱串。②量词。用于连贯起来的东西。鲁迅："提一个破旧的朱漆圆盘,外挂一串纸锭。"③到别人家走动。《水浒传》："从小儿在东京时,只去行院人家串。"④串通;勾结。如:串供;串骗。⑤指衔接错乱。如:电话串线;看书串行。⑥戏曲术语。扮演。孔尚任："既会串戏,新出传奇也曾串过么?"⑦用同"券(quàn)"。票据。《儿女英雄传》："况且写写算算,以至那些册簿串票,也得归着在一起。"

韘

读音 chàn

释义 同"弗"。烤肉用具。

邑

读音 yì

释义 ①古代称国为邑。《左传》："且日虞四邑之至也。"②国都;京城。李白:"汤及盘庚,五迁其邑。"
又指旧都。③指古代无先君宗庙的都城。《左传》:"有
宗庙先君之主曰都,无曰邑。"④人聚居的地方。《周
礼》:"掌比其邑之众寡。"⑤古代行政区划名。a.五家
为轨,六轨为邑。《国语》:"三十家为邑。"b.三朋为里,
五里为邑。《晋书》:"制八家为邻,三邻为朋,三朋为
里,五里为邑。"⑥泛指一般城镇。大曰都,小曰邑。
《史记》:"卫鞅既破魏还,秦封之于、商十五邑。"⑦旧时
县的别称。柳宗元:"裂都会而为之郡、邑。"⑧居住,建
筑城邑。《左传》:"吾先君新邑于此。"⑨封地。a.古代
卿大夫的封地。《晏子春秋》:"景公赐晏子邑。"b.皇
后、公主的封地。《汉书》:"皇太后、皇后、公主所食曰
邑。"⑩古代土地面积单位。《周礼》:"九夫为井,四井
为邑。"⑪通"悒"。愁闷不乐貌。《离骚》:"忳郁邑余
侘傺兮。"

è [阿邑]迎合;曲从。《汉书》:"张汤以知邑
人主。"

鼍
读音 xiàng
释义 同"鼍"。巷道。一说当为邻邑。

足
读音 zú
释义 ①人体下肢的总称。又专指踝骨以下的
部分,今叫"脚"。《孟子》:"沧浪之水浊兮,可以濯我

足。"②动物用以行走或奔跑的器官。曹冏:"故语曰:'百足之虫至死不僵。'"③植物的根茎。束皙:"白华玄足,在丘之曲。"④支撑器物的脚。《易》:"鼎折足。"⑤事物的基部。《史记》:"愿葬骊山之足。"⑥踏。《史记》:"手熊罴,足野羊。"⑦行,走。魏源:"披五岳之图,以为知山,不如樵夫之一足。"⑧完备;足够。诸葛亮:"兵甲已足。"⑨富裕。《宋诗纪事》引郑虎臣:"苏湖熟,天下足。"又使富裕。《荀子》:"足国之道。"⑩多。《五灯会元》:"良医之门足病人。"⑪满足;使满足。《老子》:"祸莫大于不知足。"《三国志》:"袁绍谋臣许攸贪财,绍不能足。"⑫重视。《荀子》:"法礼足礼,谓之有方之士。"⑬已;止。《管子》:"宁威之为人,能事而不能以足息。"⑭完成。《左传》:"言以足志,文以足言。"⑮善于;会。《说郛》引景焕:"薛涛者,善篇章,足辞辩。"顾炎武:"蜀人敏慧轻急,尤足意钱之戏。"⑯可以;能够。《左传》:"皆足以相国。"⑰值得。徐渭:"君在固足喜,君去良勿忧。"⑱难。常与"不"连用。朱有燉:"这天下不足平也。"⑲姓。

　　jú　①过,过分。《论语》:"巧言,令色,足恭。"②壅;培。《管子》:"苗足本。"③增补;接连。《列子》:"以昼足夜。"

踀 读音 chú
释义 同"蹰"。谨慎貌。
cú 绊足。佚名："凌波牛弯踀衬足。"

足足 读音 chuò
释义 ①行。②行疾。

男 读音 nán
释义 ①男人。与"女"相对。如：男女平等。又男性。鲁迅："可惜男的孝子和忠臣也不多的。"②儿子。《左传》："南氏生男。"③儿子对父母的自称。欧阳修："男推诚保德崇仁翊戴功医观文殿学士。"④古爵位名。五等爵的第五等。《礼记》："王者之制禄爵，公、侯、伯、子、男，凡五等。"⑤古代"九服"（按：相传古代天子所住京都以外的地方按远近分为九等，叫"九服"。方千里称王畿，其外方五百里叫侯服，又其外方五百里叫甸服，又其外方五百里叫蛮服，又其外方五百里叫夷服，又其外方五百里叫镇服，又其外方五百里叫藩服）之一的简称。《书》："侯、甸、男、邦、采、卫。"⑥姓。

男男 读音 luán
释义 同"孌"（同"孿"，今作"孪"）。

男男男 读音 nào
释义 义未详。

虎

读音　hǔ

释义　①猛兽名。猫科。头大而圆,前额有似"王"字斑纹,利牙巨口。体呈淡黄色或褐色,有黑色横纹,性凶猛,喜欢夜行,能游泳,捕食野猪、鹿、獐等动物,有时伤人,皮毛可制褥垫和地毯,肉可食,骨、血可制药。我国产有东北虎、华南虎。《后汉书》:"不入虎穴,不得虎子。"比喻威武勇猛。如:虎将;兵雄将虎。又比喻残酷凶暴。如:虎狼之心。②指某些伤害昆虫的虫类。如:蝇虎;蝎虎。③方言。脸色陡变而露出严厉或凶恶的表情。茅盾:"老通宝虎起了脸。"④吓唬。也作"唬"。佚名:"打这厮自奖自夸自丰鉴,休想道虎吓的咱家善。"⑤姓。

hù　[虎不拉]方言。鸟名。即伯劳。

虤

读音　yán

释义　虎怒。又虎怒貌。孟郊:"求闲未得闲,众诮瞋虤虤。"

明

读音　míng

释义　①光明;明亮。与"昏暗"相对。《易》:"日月相推而明生焉。"特指天亮。《诗》:"东方明矣,朝既昌矣。"②修明,严明。将心地光明,政治或法纪清明。《诗》:"貊其德音,其德克明。"《孟子》:"国家间暇,及是时,明其政刑。"③指松明,照明物。柳宗元:

"商山临路有孤松,往来斫以为明。"④照亮。《乐府诗集》:"无油何所苦,但使天明侬。"又:映照。《吕氏春秋》:"人皆知说镜之明己也,而恶士之明己也。"⑤点燃;点亮。《潜夫论》:"知脂腊之可明镫也,而不知其甚多则冥之。"⑥眼睛;视力。《孟子》:"明足以察秋毫之末。"又:视力好,眼睛亮。《孟子》:"离娄之明,公输子之巧,不以规矩,不能成方员。"⑦明了;通晓。《韩非子》:"臣明于此,则尽死力而非忠君也。"⑧分辨;区分。《左传》:"昭文章,明贵贱。"⑨明白;清楚。《战国策》:"此不叛寡人明矣。"⑩彰明;显示。《易》:"因贰以济民行,以明关得之报。"⑪聪明。《老子》:"知人者智,自知者明。"又:高明。《辽史》:"曾祖敌鲁,明医。"⑫贤明;贤能。王安石:"疏封投老误明恩。"⑬成熟;成就。《诗》:"于皇来牟,将受厥明。"⑭强盛;旺盛。《左传》:"与不仁争,明无不胜。"《论衡》:"肤温腹饱,精神明盛。"⑮神明。祭神、供神及死者的祭物皆洁净,故称明。《周礼》:"以鉴取明水于月。"⑯尊敬。《管子》:"顺民之经,在明鬼神、祗山川、敬宗庙、恭祖旧。"又:敬辞。《后汉书》:"明公虽建藩辅之功,犹恐无所成立。"⑰佛家语,真言的别称。《大日经疏》:"然明及真言义有差别。"⑱指白昼。《马王堆汉墓帛书》:"时壹晦壹明。"⑲旧指生或人世间。李白:"镜照万方,幽明咸熙。"⑳今之次。如:明天;明年。㉑用同"名"。称说。《水浒全传》:"心头一把无明业火。"㉒通"萌"(méng)。a.庶民,老百姓。《管子》:"美垄墓,所以文明也。"b.萌发。《文心雕龙》:"离合之发,则明于图谶。"㉓通"盟"。对神发誓立约。《易》:"有孚在道。以明,何咎。"㉔通"鸣"。鸣叫。李善:"《春秋考异邮》曰:''鹤知夜半,鸡应旦明。'"㉕朝代名。公元1368年,朱元璋称帝,推翻元朝统治,建都南京,定国号明。到明成祖,迁都北京。公元1644年,李自成攻破北京,明朝被推翻。共历十六帝统治二百七十七年。㉖古州名。唐开元二十六年设置,以境内有四明山得名。治所在鄮县(今浙江省宁波市南),辖境相当于今浙江省甬江流域及慈溪、象山、舟山群岛等地。㉗姓。

mèng [明津]又作"盟津"、"孟津"。地名,在今河南省孟县南。

| 明朙 | 读音 | lǎng |
| | 释义 | 同"朖(朗)"。 |

zhào 同"照"。

| 易 | 读音 | yì |
| | 释义 | ①蜥蜴,一种爬行动物。后作"蜴"。 |

②古代指阴阳变化消长的现象。《管子》:"王者乘时,圣人乘易。"③古代卜筮书,包括《连山》、《归藏》、《周

易》,合称三《易》。《周礼》:"掌三《易》之法。"④《周易》的简称。《论语》:"五十以学《易》。"⑤卜筮之象,古代以示吉凶祸福。《儒林外史》:"卜易、谈星、看相……晚生都略知一二。"⑥古代占卜官名。《礼记》:"易抱龟面南,天子卷冕北面。"⑦改变。《易》:"上古穴居而野处,后世圣人易之以宫室。"⑧替代。《左传》:"以乱易整,不武。"⑨交换。《易》:"交易而退,各得其所。"⑩移;蔓延。⑪夺。⑫异、不相同。⑬始。⑭如;像。《论语》:"贤贤易色。"⑮弹奏弦乐器指法之一,即中指向外,拨动琴弦。熊朋来:"易,剔,中指向外。"⑯庵。⑰副词。表示同样,相当于"亦"。《素问》:"扁骨有渗理凑,无髓孔,易髓无空。"⑱通"埸"。疆埸;边界。《易》:"丧羊于易,位不当也。"⑲通"赐(cì)"。赐给。《商君书》:"夫离朱见秋豪(毫)百步之外,而不能以明目易人。"⑳州名。治所在今河北省易县。㉑易水的简称。㉒容易(跟"难"相对)。如:易记;易懂;易唱。㉓平易,平坦。与"险"义反。《银雀山汉墓竹简》:"故意则利车,险则利徒。"㉔和悦。《诗》:"尔还而入,我心易也。"又:平安;平直。《礼记》:"故君子居易以俟命,小人行险以徼幸。"㉕疾;速。《汉书》:"(太白星)所居久,其国利,易,其乡凶。"㉖简易;简省。《左传》:"栾(书)、范(燮)易行以诱之。"㉗简慢;轻率。《论语》:

“丧，与其易也，宁戚。”㉘轻贱；轻视。《左传》：“戎狄荐居，贵货易土。”㉙治；治理。《乐府诗集》：“易乱除邪，革正易俗。”㉚姓。

曻

读音 cóng

释义 义未详。

果

读音 guǒ

释义 ①植物所结的果实。《资治通鉴》：“其在魏州，薪苏果茹皆贩鬻之。”②事情的结局；结果。与“因”相对。如：前因后果。③实现；信实。凡事与预期相合的称果，不合的称不果。陶潜：“南阳刘子骥，高尚士也。闻之，欣然规往。未果，寻病终。”④胜。⑤决断。《论语》：“由也果，于从政乎何有？”⑥美。《国语》：“味一无果。”⑦饱足。如：果腹。《庄子》：“适莽苍者三飡而反，腹犹果然。”⑧副词。a. 表示结果。相当于“终于”。《左传》：“晋侯在外十九年矣，而果得晋国。”b. 果真。《礼记》：“人一能之，己百之；人十能之，己千之，果能此道矣，虽愚必明，虽柔必强。”c. 到底；究竟。胡仔：“汉魏时狄夷未有可汗之名，不知果谁之词也。”⑨连词。表示假设，相当于“如果”、“假若”。《史记》：“果为乱，弗诛，后遗子孙忧。”⑩通“裹”。包裹。《灵枢经》：“皮与肉相果则寿，不相果则夭。”⑪通“婐（wǒ）”。女侍。引申为侍候。《孟子》：“及其为天子也,被衿衣,鼓琴,二女果,若固有之。"⑫通"蠃(裸,luǒ)"。裸露。《逸周书》:"狡犬者,巨身,四足果。"⑬通"裸(guàn)"。酌酒浇地以祭祀。《周礼》:"辨六彝之名物,以待果将。"⑭姓。

楇 读音 chuǎ
释义 树分杈。

果果
果 读音 ruǎn
释义 义未详。

果果
果果 读音 hū
释义 义未详。

卤 读音 tiáo
释义 草木果实下垂貌。
yǒu 同"卤"

卤
卤卤 读音 tiáo
释义 同"**卤**"。
yǒu 同"卤"

禺 读音 yù
释义 ①兽名。猴属。《山海经》:"有兽焉,其状如禺而白耳。"②通"寓"。寄寓。《史记》:"大禺龙栾车一驷,木禺车马一驷。"
yú ①区域。《管子》:"言重本,是为十禺。"②旧

时日近中午为禺,约在上年九时至十一时。《隋书》:
"昼有朝,有禺。"③通"愚"。愚笨。《马王堆汉墓帛
书》:"我禺人之心也,蠢蠢呵。"④山名。在浙江省武
康县东南三十里。⑤通"偶(ǒu)"。a.合。《管子》:
"将合可以禺其随行以为兵。"b.对。《管子》:"禺笑之
商,日二百万。"c.用木头和泥土等制成的模型。《史
记》:"禺车各一乘,禺马四匹。"⑥姓。

䙘

读音　huò

释义　同"蒦"(义未详)。

骨

读音　gǔ

释义　①人和脊椎动物体内支撑身体、保护内脏
的坚硬组织。如:脱胎换骨。又比喻话里暗含着的不
满、讽刺等意思。茅盾:"李玉亭不明白的话中有骨。"
②指人的尸骨。杜甫:"朱门酒肉臭,路有冻死骨。"
③牲体。《礼记》:"凡为俎者,以骨为主。骨有贵贱,殷
人贵髀,周人贵肩。"④古时朝鲜新罗族的一种社会等
级制度,即骨制品。新罗贵族按血统确定等级身份及相
应官阶,不同骨品不通婚姻。骨品世袭不变。佚名:
"你觑我薛仁贵是么骨勋,要你做鸣凤高冈杀气心雄。"
⑤指物体本身的、起支撑作用的架子。如:钢骨水泥;伞
骨。⑥因指树根。《管子》:"风生木与骨。"⑦指书法的
瘦劲。李煜:"柳公权得其骨,而失于生犷。"⑧犹言心、

魂。<u>杜甫</u>："长安苦寒谁独悲,杜陵野老骨欲折。"⑨指人的品质、气概。<u>毛泽东</u>："他(<u>鲁迅</u>)没有丝毫的奴颜和媚骨。"⑩指文学作品的体干和风格。<u>李白</u>。"蓬莱文章建安骨,中间小谢又清发。"⑪姓。

骨| **读音** tǐ
| **释义** 同"體(今作"体")"。

幽| **读音** yōu
| **释义** 隐蔽。《荀子》："上幽险,则下渐诈矣。"又指退路隐;潜藏。<u>陶潜</u>："凤隐于林,幽人在丘。"②幽静隐蔽的地方。《后汉书》："光照六幽。"③囚禁;关闭。<u>皮日休</u>："强者斩之,弱者幽之。"④深;深远的。《诗》："出自幽谷。"⑤深沉的;郁结的。《史记》："忧愁幽思而作《离骚》。"⑥微弱。<u>郭沫若</u>："只看见白茫茫一片幽光。"⑦恬静;清静。<u>杜甫</u>："伐木丁丁山更幽。"⑧高雅;闲适。<u>汤显祖</u>："异香袭人,幽姿如故。"⑨昏暗不明。《西游记》："灯火无光遍地幽。"⑩与"明"相对应,代指多种含义。a. 在阴阳对立中指阴。《史记》："幽明之占,生死之说。"b. 在日月并存中指月。《礼记》："祭日于坛,祭月于坎,以别幽明。"c. 在有无对立中指无声无形的现象。《易》："是故知幽明之故。"d. 在雌雄对立中指雌。《史记》："幽明者,雌雄也。"e. 在内外对立中指内。《史记》："明则有礼乐,幽则有鬼神。"

f. 在善恶或智愚的对立中指恶者、愚者。《书》："三考，黜陟幽明。" g. 在生与死、阴间与阳间的对立中指死者或阴间。《太玄》："明降于幽。" ⑪鬼神。《北史》："至孝通灵，至顺感幽。" ⑫中医学名词，两阴交尽曰"幽"。⑬通"黝"。黑色。《诗》："隰桑有阿，其叶有幽。" ⑭古地名。a. 在今河北省北部及辽宁等地。b. 在今北京市及所属通县、房兴及河北省武清、永清、安次等县境。⑮姓。

幽 　**读音**　chǔ
　释义　义未详。

齿（今作"齿"）　**读音**　chǐ
　释义　①牙齿。杜甫："明眸皓齿今何在？" ②齿形物。如：屐齿；梳齿。③刻为齿形。《续资治通鉴》："齿木为杷，削竹为枪。" ④牛马的年岁。幼小的牛马岁出一齿，固以齿数称其年岁。《谷梁传》："荀息牵马操璧而前曰：'璧则犹是也，而马齿加长矣'。" 又：计算牛马的年岁。《礼记》："齿路马，有诛。" ⑤人的年龄。王安石："同官同齿复同科，朋友婚姻分最多。" 也用以指人。陆机："亲友多零落，日齿皆雕丧。" ⑥类别；同辈。柳宗元："游于朋齿，且有愧色。" ⑦殿堂的阶梯。薛综："天子殿高九尺，阶九齿，各有九级。" ⑧骰子。《晋书》："（洪）性寡欲，无所爱好，不知棋局几道,樗蒲齿名。"⑨并列;次列。《左传》:"寡人朝于薛,不敢与诸任齿。"⑩谈说,重视。《资治通鉴》:"魏高阳王斌有庶妹玉仪,不为其家所齿,为孙腾妓,腾又弃之。"⑪录用,收纳。《礼记》:"屏之远方,终身不齿。"⑫挡,触。《清朝野史大观》:"若机有可图,臣敢不竭力?! 如果不济,惟有与妻子同齿剑死。"⑬衔。苏舜钦:"自以世受君禄,身齿国命,涵濡惠泽,以长此躯,便欲尽吐肝胆,以封拜奏。"

齒齒
读音 zhí
释义 齿啮。

馬
读音 mǎ
释义 ①哺乳动物,食草,身体高大,四肢强健,性温驯,善奔驰,能负重致运。②大。③十二生肖之一,马年出生的人属马。④通"码"。⑤姓。

騳
读音 dú
释义 ①马奔跑。②两匹马并着跑发出的声音。

馬馬
读音 òu
释义 马奔驰不齐。
dú 同"騳"。

驫
读音 chěng
释义 同"骋"。

驫 读音 biāo

释义 众马奔驰貌。岑仲冕:"万马驫驰。"左思《吴都赋》:"驫駥矗矗商。"

piāo ［驫驫水］也作"驫水"。古水名。

興(今作"兴") 读音 xīng

释义 ①兴起。《易》:"伏戎于莽,升其高陵,三岁不兴。"②起身。《论语》:"从者病,莫能兴。"③升起。《礼记》:"降兴上下之神。"④动;发动。李纲:"车驾犹未兴也。"⑤办理;创办。《三国志》:"是岁用枣祗、韩浩等议,始兴屯田。"⑥建立。韩愈:"及秦灭汉兴且百年。"⑦推举;选拔。《周礼》:"进贤兴功,以作邦国。"⑧昌盛。《书》:"与治同道罔不兴,与乱同事罔不云。"⑨奋发。《逸周书》:"均右肃恭而无羞,羞则不兴。"⑩成功。《尚书大传》:"乃浡然招乐兴于大鹿之野。"⑪征发。《三国志》:"多作传舍,兴费人役。"⑫流行。《红楼梦》:"然国中更兴这种风俗"。⑬副词。a.表示推断,相当于"或许"、"大概"。如:他兴来,兴不来。b.表示可能,多用于否定的语气。相当于"容许"、"许可"。周立波:"如今有共产党作主,哪一个威武角色也不兴打人。"⑭姓。

xìng ①象。②譬喻。《汉书》:"依兴古事,悼己及同类也。"③诗歌表现手法之一。以他事引起此事叫

起兴。又省称兴。<u>洪亮吉</u>:"以及<u>李</u>、<u>杜</u>、<u>元</u>、<u>白</u>诸大家,最多兴体。"④兴致,情趣。《晋书》:"乘兴而行,兴尽而反。"⑤喜爱;喜欢。《红楼梦》:"你瞧他兴的这样儿!"

　　xìn　通釁(衅)。杀牲以祭,并以其血涂钟鼓等缝隙。《礼记》:"始立学者,既兴器用币,然后释菜。"②争端。《汉书》:"日者北边有兴,上书助官。"

興興 興興	读音	wèng
	释义	燃。
興興 興興	读音	zhèng
	释义	义未详。
岩	读音	yán
	释义	①山崖,山陡峭的边。②山峰。③岩石。
嵒嵒	读音	ruò
	释义	义未详。
耑	读音	duān
	释义	同"端"。
	zhuān	同"专"。
耑耑	读音	chuán
	释义	义未详。

| 巿 | 读音 | zhū |
| | 释义 | 同"祢"。 |

| 㞢 | 读音 | mó（mù） |
| | 释义 | 同"牟"。 |

| 㞢 | 读音 | zhī |
| | 释义 | 同"之"。 |

| 芔 | 读音 | cǎo |
| | 释义 | 同"草"。 |

| 㠯 | 读音 | yǐ |
| | 释义 | 同"以"。 |

| 朤 | 读音 | péi |
| | 释义 | 义未详。 |

"丿"部

人

读音 rén

释义 ①由古类人猿进化而来的、能制造工具并使用工具进行劳动的高等动物。《书》:"神人以和。"②指某人、某种人或某些人。如:猎人、北京人。《左传》:"人谓子产不仁。"《韩非子》:"今有人见君。"特指成年人。《荀子》:"成王冠,成人。"③别人;他人。毛泽东:"(自由主义者)对人是马克思主义,对己是自由主义。"④人人;每人。如:人手一册。⑤指自己。如:文如其人。⑥人才。《左传》:"子无谓秦无人。"⑦指人的品性行为。王安石:"谈其文,则其人可知。"又指体面或面子。老舍:"我是所长,你倒弄个里长来丢我的人,你昏了心啦吧?"⑧人的身体。如:我今天人不舒服;她人在这里,心不在这里。⑨指人情事理。《荀子》:"庄子蔽于天而不知人。"⑩人为的。《庄子》:"牛马四足,是为天;落马首,穿牛鼻,是为人。"⑪指男女交合之事。《史记》:"荒侯市人病不能为人,令其夫人与其弟乱而生他广。"⑫偶;伴侣。《淮南子》:"上与神明为友,下与造化为人。"⑬果人。后作"仁"。郝懿行:"核者,人也。古曰核,今曰人。"⑭唐代避太宗李世民讳,以

"人"代"民"。《书》："敬授人时。"按：古本作"民"。
⑮通"仁"。仁爱；怜悯。《吕氏春秋》："故君子责人则
以人,责己则以义。"⑯姓。

从 读音 cóng
　　释义 同"從"。今为"從"的简化字。

仌 读音 bīn
　　释义 同"冰"。

众 读音 yín
　　释义 同"乑"
　　zhòng "衆"的简化字。

似 读音 yín
　　释义 众立。
　　zhòng 同"衆(今作"众")"

仌 读音 yú
　　释义 同"虞"。

㷋 读音 dào
　　释义 同"盗"。

入 读音 rù
　　释义 ①由外到内。如：入场；入境。②接纳,采
纳。《左传》："谏而不入,则莫之继也。"③收入；进项。

如：入不敷出。④加入；参与。如：入学；入伍。《战国策》："今吾为子外之，令毋敢人子之事。"⑤交；交纳。《红楼梦》："便是有罪，己物可以入官；这祭祀产业，连官也不入的。"⑥合；契合。朱庆馀："妆罢低声问夫婿：画眉深浅入时无?"⑦古汉语四声之一。今普通话无入声，只在个别方言中存在。

从
读音　liǎng
释义　二人。

伇
读音　gōng
释义　义未详。

八
读音　bā
释义　①分开。②数词。七加一的和。郭沫若："时闻八音鸟，林间音乐师。"③象声词。张可久："八的顿开金凤凰，搿的扯破锦鸳鸯。"④姓。

仈
读音　bié
释义　同"别"。

千
读音　qiān
释义　①数词。十百为千。《汉书》："数者，一、十、百、千、万也。"②表示多。如：千方百计；成千上万。③田间南北小路。后作"阡"。《管子》："修封疆，正千伯。"④姓。

扞 读音 nián
释义 同"年"。

个 读音 gè
释义 ①同"(箇(個))"。今为"個"的简化字。②古指正堂两旁的侧室。《吕氏春秋》:"天子居青阳左个。"

gàn 箭把左右伸出的部分。《周礼》:"梓人为侯……上两个,与其身三;下两个半之。"

竹 读音 zhú
释义 同"竹"。

仦 读音 qí
释义 参差;不合。洪昇:"这几声尚欠调匀,拍仦怎下。"

仝 读音 qí
释义 参差。按:"仝",疑为"仦"的讹字。

夕 读音 xī
释义 ①傍晚。如:夕照。②夜,晚上。《诗》:"今夕何夕。"③古代的一种礼制。指傍晚时朝见君主。《史记》:"子我夕。"④在傍晚或夜间进行某种活动。《国语》:"智襄子为室美,士茁夕焉。"引申指睡眠。苏轼:"展转不能夕。"⑤祭月之祀。《国语》:"于是乎有朝日、夕月以教民事君。"⑥每年最后一季、每季最后一月、每月最后一旬的别称。《尚书大传》:"岁之夕、月之夕。日之夕,则庶民受之。"⑦倾斜。《吕氏春秋》:"是正坐于夕室也。"⑧西向。"朝夕"指东、西向。《周礼》:"凡行人之仪,不朝不夕。"⑨夜间的潮。后作"汐"。"朝夕"即"潮汐"。王禹偁:"溉乎朝夕之池。"⑩通"苟"。《史记》:"吴王不肖,有宿夕之忧,不敢自外,使喻其欢心。"⑪墓穴。后作"穸"。《泰都尉孔宙碑》:"窀穸不华,明器不设。"⑫通"豫(yù)"。古代帝王秋季出巡,视察年成的好坏。⑬通"射(yì)"。⑭姓。

夛

读音　duō

释义　同"多"。

多

读音　duō

释义　①数量大,与"少"相对。《诗》:"维予小子,未堪家多难。"活用为动词时,义为"增多"。《荀子》:"因物而多之。"②重。与"轻"相对。《老子》:"身与货孰多?"③重视;看重。《逸周书》:"轻其行,多其愚,不智。"④贤;好。《史记》:"天下不以多张子而以贤先王。"皮日休:"在商君,有心于是道,不亦多乎!"⑤大。洪迈:"汝名位未多。"⑥胜过;超出。汤显祖:"想他才似相如,貌多王粲。"⑦过多;不必要。如:多嘴;多疑。⑧剩余。《水浒全传》:"取些银子算还,多的都赏了酒保。"⑨相差程度大。如:金刚石比铁硬多了。⑩古代战功的名称。《史记》:"攻开封,先至城下为多。"⑪数词。a.表示多数。《左传》:"大夫多贪,求欲无厌。"b.用在数量词后,表示整数以下的余数或零头。如:三尺多宽;一百多个。⑫副词。a.用于疑问句,询问程度、数量。《红楼梦》:"你多早晚来的?"巴金:"多钱一斤?"b.表示大约,相当于"大都"。《儒林外史》:"众位多见过了礼,正待坐下。"c.用于感叹句,表示程度。如:说得多亲切!⑬通"祇(zhí)"。仅;不过。《论语》:"人虽欲自绝,其何伤于日月乎? 多见其不自量也。"⑭"通"哆(chě)"。歪邪;不正。《法言》:"中正则雅,多哇则郑。"⑮我国古代回纥族呼父叫阿多(duǒ)。《资治通鉴》:"可汗拜且泣曰:'儿愚幼,若幸而得立,惟仰食于阿多'。"⑯姓。

凡

读音 fán

释义 ①概括之辞,纲要。《汉书》:"仆尝倦谈,不能一二其详,请略举凡,而客自觉其切焉。"②总共;总计。《史记》:"陈胜王凡六月。"③所有。韩愈:"凡吾所谓道德云者,合仁与义言之也。"④平常;平庸。如:平凡;自命不凡。⑤世俗的。与超脱现实世界的所谓上天、仙界相对。李中:"似醒一梦归多世,空向彤霞寄梦频。"⑥工尺谱记音符号之一。表示音阶上的一级

(《辽史》:"各调之中,度曲协凡,其声凡十,曰:五、凡、工、尺、上、一、四、六、勾、合")。⑦春秋时国名。⑧姓。

凭　　**读音**　wú
　　　释义　义未详。

凡　　**读音**　fán
　　　释义　同"凡"。

凧　　**读音**　yí
　　　释义　义未详。

牛　　**读音**　niú
　　　释义　①哺乳动物。体大,头有两角,趾端有蹄,尾巴尖端有长毛;草食反刍;能耕田或拉车。肉、乳可食,角、皮、骨可作器物。我国常见的有黄牛、水牛、牦牛等,《乐府诗集》:"风吹草低见牛羊。"②喻性格固执或倔犟。如:牛脾气。③星名。二十八宿之一,北方玄武七宿的第二宿。有星六颗。④牵牛星的省称。⑤十二生肖之一(古时的术数家用十二种动物来配合十二地支,子为鼠,丑为牛,寅为虎,卯为兔,辰为龙,巳为蛇,午为马,未为羊,申为猴,酉为鸡,戌为狗,亥为猪。东汉起,以人生在某年就肖某物)。⑥旧时以正月初五为牛日。⑦姓。

牪 读音 yàn
释义 牛伴。一说牛件。

牫 读音 guǐ
释义 牛。

犇 读音 bēn
释义 ①牛惊走。②同"奔"。奔跑。《史记》："霍公求犇齐。"

犇犇 qún 义未详。

手 读音 shǒu
释义 ①腕以下的指掌部分。也指人体上肢。如:手脑并用;手舞足蹈。②某些有代替人手作用的机械部分或动物的感触器。如:触手,机械手。③拿着。《公羊传》:"(仇牧)手剑而叱之。"④取。《诗》:"宾载手仇。室人入又。"徒手搏击。李白:"批猻手猱。"⑥受束缚;桎梏。《法言》:"圣人以不手为圣人。"⑦亲自;亲手。如:手谕。⑧手迹;笔迹。《汉书》:"天子识其手,问之,果为书。"⑨气口,即中医所谓寸口。⑩专司某事或擅长某种技术的人。如:水手;神枪手。也泛指人。如:打手;凶手。⑪手艺;手法。如:眼高手低;心狠手辣。⑫小巧的、便于手头携带或使用的。如:手折;手册。⑬西南少数民族地区货币计算单位。李时珍:"今贝独<u>云南</u>用之,呼为海貤,以一为庄,四庄为手,四手为苗,五苗为索。"⑭量词。多用于技能、本领。如:他露了两手绝招;这手草书好极了。⑮用在表示方位的词后,表示地点、方位,相当于"边"、"面"。<u>郭沫若</u>:"前手有一座碑。"⑯通"首"。

拜

读音　gǒng

释义　同"廾"(两手捧物)。

抙

读音　póu

释义　同"捊"。

挰

读音　pá

释义　又读 shǒu。俗称扒手为三只手,因写作"挰",也写作"扒挰"。

毛

读音　máo

释义　①动植物皮上所生的丝状物;鸟的羽毛。《左传》:"皮之不存,毛将安傅?"②特指人的须发。如:眉毛;嘴上无毛,办事不牢。③兽类。《镜花缘》:"总司天下毛族,乃百兽之主。"④带毛的兽皮。《后汉书》:"衣毛而冒皮。"⑤地面上生长或种植的植物的通称。多指五谷蔬菜类。<u>徐光启</u>:"丽土之毛,足以活人者多矣。"⑥物体上长的线状霉菌。如:馒头放久了就要长毛。⑦粗糙的;未经加工的。如:毛样;毛坯。又指声音发沙或不圆润。如：声音由尖而毛而哑。⑧粗略；大约。如：毛算算也有二十万。⑨不纯净的。如：毛重；毛利。⑩细微；细小。如：毛细管；毛毛雨。⑪粗率；不细心。如：毛手毛脚；毛头毛脑。⑫急躁；发怒。如：发毛。⑬兵器名。⑭惊慌；慌乱。《红楼梦》："把我一诈就吓毛了。"⑮（货币等）贬值。如：货币毛了。⑯中国辅币"角"（一元的十分之一）的俗称。如：两毛钱。⑰中医学说中的一种脉象。⑱无；没有。《后汉书》："饥者毛食。"⑲通"髦"。牦牛尾。《书》："齿革羽毛。"⑳通"髦"。长毛。㉑春秋国名。<u>姬</u>姓。在今<u>河南省宜阳县</u>境。㉒姓。

钲
读音 lú
释义 同"氀"（毡类毛织品）。

毳
读音 cuì
释义 ①鸟兽的细毛；绒毛。<u>杜甫</u>："见轻吹鸟毳，随意数花须。"②鸟兽毛经过加工而制成的毛织品。<u>惠洪</u>："拥毳对芳丛。"③毛纠结。《周礼》："羊泠毛而毳，膻。"④通"脆"。脆弱，脆嫩。《荀子》："是事小敌毳，则偷可用也。"《汉书》："数奏甘毳食物。"⑤姓。

qiāo 同"橇"。在泥路上行走用的一种乘具。《汉书》："水行乘舟，泥行乘毳。"

xiā 卧觉。

片

读音 piàn

释义 ①剖开;分开。<u>方以智</u>:"太一片而为阴阳。"②两方中的一方;单。<u>左思</u>:"双则比目,片则王余。"③半边。<u>徐陵</u>:"片月窥花簟。"④泛指扁而薄的东西。如:木片;玉兰片。⑤花瓣。<u>张祜</u>:"轻将玉杖敲花片。"又:雪花。<u>方干</u>:"密片无声急复迟,纷纷犹胜落花时。"⑥削成薄片。《老残游记》:"又片了些羊肉片子。"⑦形容很少或很短。<u>陆机</u>:"立片言而居要,乃一篇之警策。"⑧指较大片区内划分的较小片区。如:划片包干;土地连成片。⑨封建时代官吏向皇帝所呈奏章正折后面的附页。或一片,或三、五片不等。片上可不署官衔,无年月日。<u>林则徐</u>:"谨再**沥**忱附片密陈。"⑩片茶。古代的一种饼茶,相当于后来的砖茶或沱茶。<u>白居易</u>:"绿芽十片火前春。"⑪词学术语。词的分段称分片,上段叫"上片",下段叫"下片",下一段的开头叫"过片"。⑫量词。a.用于薄而成片的东西。如:几片药;两片面包。b.用于具有相同景象又连在一起的地面或水面等。如:一片草地;一片废墟。c.用于景色、气象。如:一片春色;一片丰收景象。d.用于声音、语言、心意等。如:一片嘈杂声;一片真心实意。

　　piān　指有图像、景物或录有声音的片子。如:相片;电影片。

牃 读音 zhé
释义 版。

斤 读音 jīn
释义 ①古代砍物工具,一般用以砍木,与斧相似,比斧小而刃横。《孟子》:"斧斤以时入山林。"又兵器。孙光宪:"徒知六国随斤斧。"②古代一种似锄但比锄小的农具。《国语》:"恶金以铸钼(锄)、夷、斤、斸。试诸壤土。"③砍;削。马融:"挢揉斤械。"引申为对文字的删削、修饰。佚名:"望大人略加斤正。"④量词。重量单位之一。旧制一斤多为 16 两,后市制一斤为 10 两,等于公制重量 500 克。《战国策》:"金千斤,邑万家。"⑤加在某些以重量计算的物名后,作该物的总称。如:煤斤。⑥[斤斤]明察。《诗》:"斤斤其明。"引申为过分。如:斤斤计较。⑦姓。

斦 读音 yín
释义 二斤。
zhēn 砧。

爪 读音 zhǎo
释义 ①鸟兽的脚趾或趾甲。如:兔爪。②人的指甲、趾甲。《韩非子》:"韩昭侯握爪而佯亡一爪。"又:生长指甲。《尸子》:"手不爪,胫不毛。"③古代送终的一种礼制,为死者修剪手脚指甲。《礼记》:"御者二人

105

浴……小臣爪足。"④龟。⑤像爪的东西。周密:"铁猫爪皆折。"⑥抓;掐。陶宗仪:"节妇以手爪地,以头触石流血。"⑦用同"笊(zhào)"。"爪篱"即"笊篱"。⑧寻找。后作"找"。《三国志通俗演义》:"因此爪寻至此。"⑨古契丹语音译字。一百。

zhuǎ 鸟兽的脚爪。多用于口语。如:爪尖儿;爪子。

爪爪 **读音** shuǎ
释义 义未详。

月("月"同) **读音** yuè
释义 ①月亮,月球。《诗》:"彼月而食。"②计时的单位,一年分为十二个月。杜甫:"今君度沙碛,累月断人烟。"③每月。《孟子》:"月攘一鸡,以待来年然后已。"④月光;月色。杜甫:"落月满屋梁。"⑤像月亮一样的(颜色或形状)。《史记》:"太一祝宰则衣紫及绣。五帝各如其色,日赤,月白。"《新唐书》:"筑月城以守。"⑥指妇女的月经。王建:"密奏君王已入月,唤人相伴洗裙裾。"⑦指妇女怀胎的月份。《诗》:"弥月不迟。"又指分娩后的一个月以内的时间。如:在月里。⑧姓。

rù 同"肉"。吴伟业:"汉、唐猜忌骨月。"

朋

读音 péng

释义 ①古代货币单位。五贝为一朋。一说两贝为一朋。又说五贝为一系,二系为一朋。《诗》:"锡我百朋。"②同学,朋友。《易》:"君子以朋友讲习。"③匹配;结合。曹植:"鸳鸯自朋亲,不若比翼连。"④朋党。王安石:"庶民已滔朋。"⑤勾结。刘克庄:"不交平、勃,不游田、窦,也不明他牛、李。"⑥同类。谢庄:"逮下延和,临朋违怨。"⑦群;群聚。《书》:"朋淫于家。"⑧同;共同。《后汉书》:"朋心合力。"⑨比拟;比较。《诗》:"硕大无朋。"⑩古代行政基层单位。《晋书》:"制八家为邻,三邻为朋。"⑪用同"蓬"。乱。《刘知远诸宫调》:"圻到得朋头露脚。"⑫通"逢"。大。《书》:"孺子其朋。"⑬通冯(píng,又作"凭"、"凴",今作"凭")"。盛怒貌。《国语》:"请王励士,以其朋势。"⑭通嵭(崩 bēng)。崩坏。《庄子》:"古之真人,其状义而不朋。"⑮姓。

朤

读音 jīng

释义 义未详。

朗

读音 lǎng

释义 同"朗"。

爻

读音 yáo

释义 ①构成《易》卦的长短横道。"—"是阳爻,"--"是阴爻;每三爻合成一卦,可得八卦,两卦(六爻)相重可得六十四卦。②姓。

xiào　同"效"。

燚　**读音**　lǐ

释义　[燚尒(尔)]稀疏明朗的样子。

lì　①止。②系。

介　**读音**　jiè

释义　①疆界;界限。后作"界"。黄侃:"(钱竹汀云'古舌齿互通',泯五声之大介。"②间隔;阻碍。《汉书》:"前多崧高,后介大河。"陶宗仪:"惟见巨蛇介道。"③侧畔。《九章》:"悲江介之遗风。"④接过。《谷梁传》:"不以难介我国也。"⑤处于二者之间。《左传》:"使介居二大国之间。"又指离间。扬雄:"(范雎)激卬万乘之主,介泾阳,抵穰侯而代之。"⑥佑;助。《诗》:"为此春酒,以介眉寿。"⑦介绍;媒介。李康:"其所以相亲也,不介而自亲。"又指居中引见者。《孔丛子》:"士无介不见,女无媒不嫁。"⑧宾方的辅助人员;副手。《荀子》:"诸侯相见,卿为介。"又指传信的人。阳枋:"腆仪不敢祗拜,敬就来介回纳。"⑨古代宾方传达宾主之言的人。《礼记》:"上公七介,侯伯五介,子男三介,所以明贵贱也。"⑩凭借;仗恃。《左传》:"介人之宠,非勇也。"⑪系;留。《汉书》:"情欲之感,

108

无介乎仪容。"⑫坚固。范仲淹:"心焉介于石,可裂不可夺。"⑬节操。《孟子》:"柳下惠不以三公易其介。"⑭大。《易》:"受兹介福,于其王母。"⑮独;特异。《左传》:"养老疾,收介特。"《水经注》:"又有孤石,介于大江中。"特指兽无偶。⑯舍;止。《诗》:"攸攸攸止。"⑰次。《左传》:"介卿以葬,不亦左乎?"⑱助词。相当于"地"。《警世通言》:"大吹大擂介饮酒。"⑲古代戏曲术语。剧本关于动作、表情、效果等的舞台指示。如:坐、笑、见面以及鸡鸣、犬吠等,剧本里分别写作"坐介"、"笑介"、"见介"、"鸡鸣介"、"犬吠介"。⑳阅。㉑指带有甲壳的昆虫和水族。白居易:"鳞介无小大,遂性各沉浮。"㉒刖,断足。《庄子》:"是何人也,恶乎介也?"㉓语法术语,介词的省称。㉔通"甲(jiǎ)"。铠甲。韦昭:"跨马披甲胄。"又指披戴(铠甲)。《左传》:"栾高、陈鲍之徒,介庆氏之甲。"㉕通"价"。善。《汉书》:"介人惟藩。"㉖通"芥"。a.芥子。《左传》:"季氏介其鸡。"又喻微小。《孟子》:"介不以与人。"b.芥蒂,喻小嫌隙。"《后汉书》:"往闻二君有执法之平,以为小介。"㉗通"匃(gài)"。给予。《诗》:"神之听之,介尔景福。"㉘通"哲(zhé)"。知,明白。《老子》:"使我介然有知,行于大道。"㉙古国名。故址在今山东省胶州高密县西故黔陬城。㉚姓。

介介 读音 gòng
释义 义未详。

分 读音 fēn
释义 ①分开。高启："暂时握手还分手。"②分出；派分。《韩非子》："儒分为八，墨离为三。"③分支，从主体分出的部分。如：分会；分员；分册。④离；散。《论语》："邦分崩离析而不能守也。"⑤分配；给与。《史记》："广廉，得赏赐辄分其麾下。"⑥分担。《史记》："(起)与士卒分劳苦。"⑦异；区别。《吕氏春秋》："贤、不肖，不可以不相分。"⑧辨别清楚。《吕氏春秋》："是非之经，不可不分。"⑨分解；辩白。《后汉书》："天下未定，两虎安得私斗？今日朕分之矣。"鲁迅："'我说他！'阿Q指着远旁的一个孩子分辩说。"⑩一半。梁启超："日出见鸥知岛近，宵分闻雨感秋深。"⑪古代指春分、秋分。《左传》："凡分、至、启、闭，必书云物。"⑫成数。一分即一成，通常指十分之一。如：三分天资，七分努力。⑬量词。长度，尺的百分之一；重量，两的百分之一；土地面积，亩的十分之一；弧或角度，度的六十分之一；利率，年利的十分之一、月利的百分之一；辅币，圆(今作"元")的百分之一等。其他计算成绩也用分。如：考试得了一百分；足球赛赢了四分。⑭同"纷"。纷乱貌。《鬼谷子》："天下分错。"⑮姓。

fèn ①所分之物,整体中的一部分。也作"份"。如:股份,部份。②成分。如:水分;养分;肥分等。③度;分量。鲁迅:"要适如其分。"④制;原则。班固:"盖圣人有一定之论,烈士有不易之分。"⑤职责。《墨子》:"三公大人,蚤朝晏退,听狱治政,此其分事也。"⑥身分。林则徐:"分既不足以相临,权亦不足以相制。"⑦资质。卢谌:"在木乏不材之资,处雁无善鸣之分。"⑧缘;机遇。朱彝尊:"料封侯白头无分。"⑨情分。秦简夫:"老夫与居士通家往来三十余年,情同胶漆,分若陈、雷。"⑩料想。《汉书》:"自分已死久矣。"⑪该;应当。元稹:"与君皆直懃,须分老泥沙。"⑫量词。今也作"份"。《儿女英雄传》:"便叫安公子去里屋找分笔砚来用。"⑬律谓之分。

fén 地名。

bàn 同"瓣"。瓜类的子实。

分
> **读音** hài
> **释义** 义未详。

欠
> **读音** qiàn
> **释义** ①疲倦时张口打呵欠。《仪礼》:"君子欠伸。"②少,不够。《灵枢经》:"小便数而欠。"③亏欠。如:欠债。引申为不如。施肩吾:"襄阳全欠旧来时。"④身体一部分稍微前伸或向上移动。如:欠着身子。

⑤痴呆。关汉卿:"我又不风欠。"⑥想念;挂牵。《警世通言》:"大娘欠你。"

欦
读音　qīn
释义　打喷嚏。
kēng　咳。

焱
读音　qiàn
释义　同"欠"。

生
读音　shēng
释义　①生出;生长。如:生芽;生根。②生育。白居易:"遂令天下父母心,不重生男重生女。"③出生。如:生辰,生肖。④产生;发生。如:生病;合同生效。⑤造;制造。如:无中生有。⑥生产(财物)。贾谊:"生之者甚少而靡之者甚多。"⑦财物。《国语》:"生何以殖?"又指生计。如:打柴为生。⑧养育。《荀子》:"生民宽而安。"⑨活。与"死"相对。《汉书》:"咸嘉生而恶死。"又使活。《左传》:"所谓生死而肉骨也。"⑩生存,生活。《左传》:"生于乱世。"⑪古君主继承法。父死子继。《公羊传》:"鲁一生一及,君已知之矣。"⑫生命。《荀子》:"草木有生而无知。"⑬有生命的东西。蒲松龄:"又好买生放生。"⑭生擒;活捉。司马相如:"生貔豹,搏豺狼。"⑮俘虏。《汉书》:"今破乌桓,斩虏获生。"⑯妓女。方回:"二生,天下绝色也。"⑰天生的;固有的。《论语》:"生而知之者,上也。"⑱一生;一辈子。李商隐:"他生未卜此生休。"⑲新鲜的。《诗》:"生刍一束。"⑳未经烧煮或烧煮未熟的。如。生菜;生饭。㉑未经加工或锻制的。《天工开物》:"每锹锄重一斤者,淋生铁三钱为率。"㉒充沛。王建:"年少力生犹不敌。"又:具有活力的。《宋史》:"金添生兵二十万来。"㉓生疏,不熟悉。如:生手;面生。㉔植物果实未成熟的。如:这两个西瓜是生的。㉕年长有学问、有德行的人。"先生"的省称。《史记》:"言《礼》自鲁高堂生。"㉖读书人的通称。《史记》:"县中皆谓之狂生。"㉗旧时指弟子、门徒;今指学生。如:师生。引申为自谦之词。元稹:"岂特小生而已哉!"㉘戏里扮演男子的角色。如:老生;正生。㉙向阳。《孙子》:"视生处高。"㉚古成作战队形"八阵图"中的一门。㉛古代土木建造中把拱头量为几个等分,每一等分称为"瓣",也叫做"生"。㉜生硬;勉强。如:生拉硬拽;生搬硬套。㉝使柴、煤等燃烧。如:生火;生炉子。㉞副词。表示程度,相当于"甚"、"很"。如:生怕人家不知道。㉟后缀。用于形容词或代词后边,相当于"然"、"样"。宋祁:"天气骤生轻暖。"《儒林外史》:"怎生是好?"㊱本性。后作"性"。《周礼》:"辨五地之物生。"㊲同"甥",外甥。《世说新语》:"公常携兄子迈及外生周翼二小儿往食。"

㊳同"牲",家畜。《论语》:"君赐生,必畜之。"㊴同"眚"(shěng),病害。《管子》:"或遇以死,或遇以生。"㊵通"姓(xìng)"。姓氏。《管子》:"不畏恶亲,开容昏生,无丑也。"㊶姓。

牲 读音 shēn
释义 众多貌。《诗》:"瞻彼中林,牲牲其鹿。"

生生 读音 音待考。
释义 义待考。

禾 读音 hé
释义 ①古代指粟,即今之小米。《书》:"唐叔得禾。"②禾苗。特指水稻之苗。李绅:"锄禾日当午,汗滴禾下土。"③粮食作物的总称。《诗》:"十月纳禾稼。"④庄稼的茎秆。《仪礼》:"积唯刍禾。"⑤通"和"。⑥古地名。旧指浙江省嘉兴府,即今嘉兴县。⑦姓。

秝 读音 lì
释义 ①稀疏均匀貌。用同"曆(今作"历")。

秫 读音 shǔ
释义 同"黍"。

白 读音 bái
释义 ①像霜雪一样的颜色。李白:"地白风色寒,雪花大如手。"②古代丧服的颜色,后因以为丧事的代称。《红楼梦》:"那个青东西,除族中或亲友家夏天有白事才带的着。"③洁净。《汉书》:"显絜白之士,昭无欲之路。"④亮;明亮。与"暗"相对。如:白天;白昼。⑤彰明;显赫。《荀子》:"身死而名弥白。"《史记》:"圣智仁义,显白道理。"⑥清楚;明白。如:真相大白;不白之冤。又:昭雪;使清白。《汉书》:"赵王敖事白,得出。"⑦表明;陈述。如:表白,辨白。⑧禀告,报告。《史记》:"烦三老为入白之。"又用于书信中对平辈、晚辈的谦词。韩愈:"六月二十六日,愈白。"⑨上告;控告。《三国志》:"式白君而君荐之,何也?"⑩特指戏曲中的说白,也叫宾白。如:道白;独白;对白。⑪徒然,平白地。如:白费力气;白忙了半天。⑫指没有功名,没有官职。刘禹锡:"谈笑有鸿儒,往来无白丁。"⑬空;空无所有。如:一穷二白。⑭无代价;无报偿。《红楼梦》:"他们白听戏,白吃。"方智敏:"坐白船没有那么便宜的。"⑮假;没有根据。王鸣盛:"高曾之名,恐皆是贵后白撰出。"《红楼梦》:"宝玉笑道:'你又说白话'。"⑯古代罚酒用的酒杯。左思:"里谶巷饮,飞觞举白。"⑰古代祭祀、朝宴时献用的炒米。《周礼》:"朝事之笾,其实:蕡、蕡、白、黑。"⑱白发。如:黄童白叟。⑲(用白眼看人)表示鄙薄厌恶。如:白了他一眼。⑳葱、蒜的茎

115

和根。如：葱白。㉑银子的代称。《汉书》："言神仙黄白之术。"㉒道破；揭穿。关汉卿："我和孩儿两个见你阿妈，白那两个丑生的谎去来。"㉓指白话，跟"文言"相对。如：半文半白；文白夹杂。㉔(字形或字音)错误。如：写白字；把字念白了。㉕地方话。如：苏白。㉖象征反动，与"红"相对。如：白区；白军。㉗我国少数民族名。自称"白子"或"白尼"。主要聚居于云南省大理白族自治州。㉘白渠的省称，即今泾惠渠，古代关中平原的人工灌溉渠道。㉙春秋时楚国地名。故址在今河南省息县境内。㉚姓。

帕
> **读音** bái
> **释义** 同"白"。白色。

皛
> **读音** xiǎo 又读(jiǎo)
> **释义** ①明；明亮。陈子昂："天皛无云。"②洁白。范镇："皛如积雪之释。"
>
> pò 拍打。左思："皛貙氓于蒌草，弹言鸟于森木。"

瓜
> **读音** guā
> **释义** ①葫芦科植物，茎蔓生，种类很多，一般以所结之实为名，有蔬果、果瓜之分。《诗》："七月食瓜。"②瓜成熟。《左传》："瓜时而往。"③古代的一种武器。长柄，上端是金瓜形的骨朵。《三国演义》："叱武士将

张节乱瓜打死于殿下。"④瓜州。a.古地名。故地在今甘肃省敦煌县。b.古州名。治所在今甘肃省安西县东。c.镇名。又称瓜埠洲。也作"瓜洲"。在江苏省邗江县南部大运河入长江处。⑤通"蜗(wō,今作"蜗")"。⑥姓。

瓜瓜
读音 yǔ
释义 ①瓜多而根蔓弱。又指瓜实繁多。②劳病。

句
读音 gōu
释义 ①曲,弯曲。傅玄:"句爪县芒,足如枯荆。"引申指草木初生拳状的幼芽。《礼记》:"(季春之月)句者毕出,萌者尽达。"②钩子。后作"鉤"(今作"钩")。《文子》:"若夫规矩句绳,巧之具也,而非所以为巧也。"③谦恭。《大戴礼记》:"与其倨也,宁句。"④牵引;挂连。白居易:"未能抛得杭州去,一半句留是此湖。"⑤拘捕;捉拿。如:句魂。⑥考核。如:句检官;句稽。"⑦数学名词。古称不等腰直角三角形直角旁的短边。戴震:"半弧弦为句,减矢于圜半径,余为股。"⑧助词,用以调整音节,无实意。《史记》:"太伯之奔荆蛮,自号句吴。"⑨通"苟(gǒu)"。a.副词。苟且。《睡虎地秦墓竹简》:"临材(财)见利,不取句富;临难见死,不取句免。"b.连词,表假设,相当于"如果"。《马王堆汉墓帛书》："吾句能亲亲而兴贤,吾不遗亦至矣。"
⑩通"後(hòu 今作"后")"。时间在后的,与"先"相
对。《马王堆汉墓帛书》："故失道而后德,失德而句
仁。"⑪姓。

gòu　①[句当]今作"勾当"。a.办理。《北史》：
"事无大小,(梁)士彦一委仲举,推寻句。"b.官名。李
冶："句当二字,自唐有之。德宗时,神策军又特置监
句,以宠宦者。"c.事情。现多指坏事。如:罪恶句当。
②通"彀"。张弓。《诗》："敦弓既句,既挟四鍭。"
③姓。

jù　①语句;诗句。李白："鲁叟谈五经,白发死章
句。"朱德："吟咏有感,草成二首。《诗刊》索句,因以付
之。"②汉代行大礼时由九宾中地位最低的士依次向上
传话,与"胪(今作"胪")"相反。《汉书》："大行设九
宾,胪、句傅。"③量词。a.用于语言的计量。周立波：
"大伙静一静,听我说两句。"b.用于时间的计量。表示
时点时,相当于"点";表示时段时,相当于"个"(钟
头)。《文明小史》："大家约定一句钟在子由家里聚会
同去。"蒋光慈："这时已经有六句钟了。"④通"矩
(jǔ)"。方。《庄子》："履句屦者知地形。"⑤通"拘
(jū)"。捕捉。《山海经》："有困民国句姓(生)而食。"

qú　鞋头上的装饰。后作"絇(今作**绚**)"。《周

礼》:"青句素屦。"

呴 读音 qú
释义 同"胊"。弯曲的干肉。

用 读音 yòng
释义 ①施行。《易》:"初九,潜龙勿用。"②奉行。《书》:"用命,赏于祖;弗用命,戮于社。"③使用。老舍:"他用尽力量把怒气纳下去。"④运用。《论语》:"礼之用,和为贵。"⑤任用。《左传》:"吾不能早用子,今急而求子,是寡人之过。"⑥采纳,采用。苏轼:"汉用陈平计,间疏楚君臣。"⑦主宰;治理。《宋史》:"集众思,广忠益,诸葛孔明所以用蜀也。"⑧处理;处置。《墨子》:"今士之用身,不若商人之用一布之慎也。"⑨功用;用处。毛泽东:"空洞的理论是没有用的。"⑩能力。张居正:"用拙才劣,乏弘济之量。"⑪资财。孟郊:"欲饮井泉竭,欲医囊用单。"⑫费用。曹学佺:"罢税不停征,边庭费用增。"⑬泛指供使用的器物。《论衡》:"金不贼木,木不成用。"⑭要;需要。袁宏道:"闲花不用多,一株两株赋。"⑮特指吃喝。《红楼梦》:"略用些酒果,方各自散去。"⑯事物本质的外部表现。范缜:"形者神之质,神者形之用。"⑰介词。a.表示行为、动作赖以进行的凭藉。相当于"以"。《孟子》:"吾闻用夏变夷者,未闻变于夷者也。"b.表示原因,相当于"因"、"因为"。《诗》:"不忮不求,何用不臧。"c. 相当于"在"。沈括:"古法采药,多用二月、八月,此殊未当。"⑱连词。表示结果,相当于"因而"、"于是"。柳宗元:"既寿而昌,世用羡慕。"b. 表示目的,相当于"为了"、"为的是"。张衡:"植铩悬敷,用戒不虞。"c. 表示原因,相当于"因为"。《史记》:"(李广)用善骑射,杀首虏多,为汉中郎。"⑲旧称买卖时给中间人的报酬为"用钱"。后作"佣"。《警世通言》:"于中有些用钱相谢。"⑳姓。

用
朤　读音　chuán
　　释义　义未详。

舌
　读音　shé
　释义　①人和动物嘴里辨别滋味、帮助咀嚼和发音的器官。《诗》:"莫扪朕舌,言不可逝矣。"②言语。如:舌战;舌锋。③像舌的物体。如:帽舌;火舌。又:箕口外伸部分,即盛物处。《诗》:"维南有箕,载翕其舌。"又箭把两旁左右伸出部分。"《仪礼》:"侯道五十弓,弓二寸,以为侯中。倍中以为躬,倍弓以为左右舌。"又铃铎中的锤。《盐铁论》:"吴铎以其舌自破。"④姓。
　　　guā　同"昏"。塞口。

舓
　读音　zhān
　释义　义未详。

舙 读音 huā
释义 ①同"話"今作("话")。②合会善言。

舙 读音 huà
释义 同"話"(今作"话")。

qì 同"聑"。

先 读音 xiān
释义 ①前进。②时间或次序在前的。韩愈："闻道有先后,术业有专攻。"③首要的事情。《礼记》："故古之王者,建国君民,教学为先。"引申为崇尚。《吕氏春秋》："五帝先道而后德。"④古时的,古代的。马君武："为奴岂是先民志,纪事终遗后世羞。"⑤称呼已去世的尊长。《聊斋志异》："此先兄所遗(褐衣),着之当可去。"⑥祖先。《汉书》："背死忘先者众。"⑦先生的简称。陈亮："如亮之本意,岂敢求多于儒先。"⑧先时;原先。《红楼梦》："丢三忘四,惹人报怨,竟不大像先了。"⑨围棋术语,指先手。即己方一下子而迫使对方必应一招的手法。《棋经》。"宁输数子,不失一先。"⑩姓。⑪引导;倡导。王安石："躬以简俭为天下先。"⑫指事情或行为发生在前。范仲淹："先天下之忧而忧。"⑬占先;胜。王鸣盛："袁绍欲迎献帝不果,遂为曹操所先。"⑭事先联系或介绍。《汉书》："此真吾所愿从游,莫为我先。"⑮古代弟媳对嫂嫂的称呼。《史记》:"见神于先后宛若。"⑯副词。表示时间,相当于"本来"、"已经"。杜甫:"可怜先不异枝蔓,此物娟娟长远生。"

兟	读音	shēn
	释义	进。

兓兓	读音	xiòng
	释义	义未详。

竹	读音	zhú
	释义	①竹子。禾本科多年生常绿植物,茎中空,有节。可供建筑和制器物用,也可作造纸原料。枝叶经冬不凋。如:竹笋。②古代八音之一,指箫、笛一类竹制乐器。左思:"非必丝与竹,山水有清音。"③竹简。《墨子》:"故书之竹帛。"④竹符。谢灵运:"剖竹守沧海。"⑤草名。扁竹。也作"薄"。《诗》:"绿竹猗猗"。⑥姓。

竹竹	读音	zhì
	释义	义未详。郑来:"木森森兮竹芇芇。"

竹竹 竹竹	读音	sè
	释义	义未详。

厎	读音	pài
	释义	水的支流。后作"派"。

瘉
读音　yù
释义　同“愈”。

虸
读音　chóng
释义　同“蟲”（今作“虫”）。

䖅
读音　xuè
释义　义未详。

妥
读音　tuǒ
释义　①安稳；安定。《汉书》：“薰鬻徙域，北州以妥。”②停止。③安坐。《仪礼》：“妥而后传言。”④安置。顾炎武：“议设公署营房，以妥官兵。”⑤妥当。如：甚妥；欠妥；妥为照料。⑥落；垂。石孝友：“柳眠无力花枝妥。”

妥妥
读音　sǒu
释义　义未详。

余
读音　yú
释义　①语气词。②代词。表示第一人称。辛弃疾：“江晚正愁余，山深闻鹧鸪。”③农历四月的别称。④通“餘”（今作“余”）。⑤姓。
　　tú　　①［接余］荇（xìng）菜。②［檮余］山名。
　　xú　　［余吾］水名。
　　yù　　同“豫”。大象。

余
余

读音　yú

释义　①同"余"。②同"餘"（今作"余"）。

秉

读音　bǐng

释义　①禾束；禾把。《诗》："彼有遗秉。此有滞穗。"②量词。古代计量单位。十六斛为一秉。《论语》："冉子与之粟五秉。"③拿；执持。如：秉笔；秉烛。④执掌；操持。《新唐书》："总秉众务。"⑤顺；遵循。《管子》："不乱民功，秉时养人。"⑥保持；坚持。《晋书》："实有史鱼秉直之风。"⑦依据；准则。翁方纲："理者，民之秉也，物之则也。"⑧通"谤（今作"谤"）"。⑨通"柄"。a. 器物的把儿。刘元其："倒提铜尾秉。"b. 权柄。《管子》："治国不失秉。"⑩姓。

秝

读音　jiān

释义　同"兼"。

qiān　同"谦"。

歪

读音　zǒu

释义　同"走"。

犇（赱赱）

读音　bēn

释义　同"奔"。

犇（赱赱）

读音　bēn

释义　同"奔"。

隹

读音 zhuī

释义 ①短尾鸟的总称。②柘实,桑果。

cuī ［畏隹］也作"隹隹"。高大。《庄子》:"山林之隹。"

wěi 同"惟"。助词。用于句首,表示发端。《周宗钟》:"隹皇上帝百神,保余小子。"

雔

读音 chǒu

释义 ①［雔由］野蚕名。②成对的鸟。引申为伴侣、匹配。③相当。《降魔变文》:"索此难雔之价。"

雧

读音 jí

释义 同"集"。

雥

读音 zá

释义 ①群鸟。后作"襍"（今作"杂"）。②相聚。许善心:"景福氤氲,嘉贶雥集。"

炙

读音 zhì

释义 ①烧烤(食物)。《诗》:"有兔斯首,燔之炙也。"②烤熟的肉食。《官场现形记》:"把吃剩的残羹冷炙,翻的各处都是。"③烧灼。《汉书》。"炙胡巫上林中。"④烘烤;烘干。《徐霞客游记》:"索火炙衣。"⑤曝晒。白居易:"暄如日炙背。"又照射。嵇含:"朝霞炙琼树。"⑥受熏陶;受教晦。《红楼梦》:"久仰芳名,无由亲炙。"⑦中药制法之一。把药材与液汁辅料同炒,使辅料渗入药材之内。如:酒炙;蜜炙。

燅
读音 xián
释义 汤爓肉。

兔
读音 tù
释义 ①哺乳类动物,通称兔子。头部略像鼠,平大,上唇中间分裂,尾短而向上翘,前肢比后肢短。善于跳跃,跑得很快。有家兔和野兔之分。《史记》:"狡兔死,走狗烹。"②月亮的别称。杨模:"南讹莫认火西流,顾兔高悬略似钩。"③古代车制。舆下方木,伏于毂上轴内两旁,用以承舆者。名伏兔,省称为兔。《周礼》:"参分其兔围。"④姓。

tú 同"菟"。

chān 辰星别名。《史记》:"兔过太白。"

兔兔兔
读音 fù
释义 疾;疾貌。后作"趋"。

舍
读音 shè
释义 ①客馆。《仪礼》:"天子赐舍。"②处所;住宅。《世说新语》:"丞相治扬州廨舍。"③古代服丧者所居。《周礼》:"大丧则授庐舍。"④官府。⑤府库。《古微书》引《春秋文耀钩》:"天演五星,五帝车舍也。"

⑥虚拟的宅舍。《淮南子》："夫形者,生之舍也。"⑦对自己的家或辈分低、年纪小的亲属的谦称。如:舍间;舍侄。⑧星次,星宿运行所到之处。《淮南子》："日为之反三舍。"⑨古代军行三十里为一舍。《左传》："晋、楚治兵,遇于中原,其辟君三舍。"⑩军队住宿一夜。《左传》："凡师一宿为舍。"又:营舍,军营。《银雀山汉墓竹简》："有得将卒而不得舍者。"⑪止息。《论语》："逝者如斯夫,不舍昼夜。"⑫止宿。《墨子》："北而攻齐,舍于汶上。"⑬保留。《墨子》："吾敢舍余力,隐谋遗利。"又:不给予。《国语》："故圣人之施舍也议之。"⑭安置。《战国策》："王不如舍需于测。"又:置办。《史记》："孟尝君舍业厚遇之。"⑮中,正着目标。《史记》："射之为言者,绎也。或曰舍也。"⑯"舍人"的简称。宋、元戏曲小说中称官家子弟,犹言"少爷"。《二刻拍案惊奇》："你不是某舍么?"⑰代词。表示疑问,相当于"啥"。《孟子》："舍皆取诸其宫中而用之。"⑱通"赦"。免罪。《诗》："舍彼有罪。"⑲通"予(yǔ)"。赞许;给予。《管子》："良臣不使,谗贼是舍。"《墨子》："舍余食。"

　　shě　①同"捨"。放下;放弃。《荀子》："锲而不舍。"按:今为"捨"的简化字。②放出,释放。《孟子》："舍之,吾不忍其觳觫。"③罢,废止。《国语》："民所以

127

摄国者也,若之何其舍之也。"④离开。《世说新语》:
"与人别唯啼泣,便舍去。"又:除开。《孟子》:"当今之
世,舍我其谁也?"⑤解;免。《仪礼》:"遂行,舍于郊。"
⑥布施。《京本小说》:"将这一半家私舍入尼姑庵中。"
⑦通"释(shì)"。a. 放置。《周礼》:"春入学舍采
(菜),合舞。"b. 消除(顾虑)。《列子》:"其人舍然大
喜,晓之者亦舍然大喜。"

舍舍舍

读音 xīn

释义 义未详。

金

读音 jīn

释义 ①金属总名。如:五金;金属。又分指金、
银、铜、铁等。《吕氏春秋》:"分府库之金。"高诱注:
"金,铁也,可以为田器。"《后汉书》:"擢双立之金茎。"
李贤注:"金茎,即铜柱也。"②化学元素之一。符号
Au。原子序79。通称黄金或金子。黄色,质柔软,延展
性强,化学性稳定。多用来制造货币,装饰器物等。在
工业上也有一定用途。(新拉文 Aurum)。刘禹锡:"日
照澄洲江雾开,淘金女伴满江隈。"③钱财;货币。《战
国策》:"嫂曰:'以季子之位尊而多金。'"《史记》:"虞
夏之币,金为三品,或黄,或白,或赤。"④量词。古代计
算货币的单位。或以一镒为一金,或以一斤为一金,因
时而异。《史记》:"马一匹则百金。"后亦以金银一两为

一金。《儒林外史》:"每月送银二金。"⑤金属制的器物。a.刀、剑、箭等兵器。《淮南子》:"砥石不利,而可以利金。"b.刑具。徐珂:"金木交施。"c.印;虎符。《后汉书》:"怀金垂紫。"d.犁铧头。王祯:"其金似镶而小。"e.钏、镯一类妆饰品。苏轼:"压褊佳人缠臂金"。⑥古代军中一种金器,用以指挥退兵。《墨子》:"越王击金而退之。"⑦八音之一,指钲、钟一类金属打击乐器。《周礼》:"皆播之以八音:金、石、土、革、丝、木、匏、竹。"⑧五行之一。a.代表西方。《春秋繁露》:"西方者,金。"b.指秋天。张协:"金风扇素节。"⑨中医学上指肺。《本草纲目》:"降火清金。"⑩特指钟鼎。如:金文。⑪旧指佛金,今指铜粉,与胶质物合成,用以饰物。《醒世恒言》:"不是托言塑佛妆金。"郭沫若:"横额石刻'郑成功祠'四大字,填金。"⑫比喻贵重。扬雄:"金科玉律。"⑬比喻坚固。《汉书》:"金城汤池。"⑭金色的。陶宗仪:"金毛猱狗。"⑮星名。金星的简称。⑯古州名。治所在今陕西省安康县。⑰山名。在江苏省镇江北,长江南岸。⑱深。《淮南子》:"教之以金目则射快。"⑲通"噤(jìn)"。闭口不言。《荀子》:"金石弊口。"⑳朝代名。1115 年女真族完颜部首领阿骨打创建。国号金,建都会林(今黑龙江阿城南)。1125 年(金太宗天会三年)灭辽,次年灭北宋,先后迁都中都(今北京)、开封等地。疆域东到日本海,南至淮河,西接西夏,东北到外兴安岭,西北至蒙古。与南宋、西夏对峙,统治了整个中国北部。1234年(天兴三年)在蒙古和宋联合进攻下灭亡。共历九帝,统治一百二十年。㉑姓。

鋬　读音　音义待考。(字出《ISO-IECDIS10646通用编码字符集》。)

鑫　读音　xīn
释义　多金,财富兴旺(多用于人名、商店、字号)。

鑫鑫　读音　bǎo(又读 yù)
释义　义未详。

香　读音　xiāng
释义　①气味芬芳,与"美"相对。如:稻花香;香皂。又借指花。王安石:"折得一枝花在手,人间应未有。"②有香味的原料或制成品。如:麝香;檀香。③味美。《礼记》:"(仲冬之月)水泉必香。"④声色美。庾信:"阵云全不动,寒山无物香。"⑤赞美之词。如:这种商品在农村很吃香。⑥吃得有味道或睡得酣畅。如:饭吃得香;睡得正香。⑦亲热:亲。《儿女英雄传》:"拉着姑娘说,亲不间友,咱们这么坐着亲香。"洪琛:"香他的面孔。"⑧旧时诗文中用以形容女子的事物或作女子的代称。如:香汗;怜香惜玉。⑨旧时秘密结社的宗派称号。毛泽东:"山、堂、香、水的秘密组织,没有存在的必要了。"⑩姓。

馠 读音 xiāng
释义 同"馫"。

香香 读音 xiāng
释义 大香。

馫 读音 xīn
释义 ①同"馨"。香气远闻。②香气。

泉 读音 quán
释义 ①泉水,从地下流出的水;水的源头。《易》:"山下出泉。"②地下水。《左传》:"若阙地及泉,隧而相见。其谁曰不然?"又:泛指水。《吕氏春秋》:"水泉深则鱼鳖归之,树木盛则飞鸟归之。"③泉下。旧指人死后所在的地方。白居易:"往事渺茫都似梦,归游零落半归泉。"④钱币。《通志》:"自太昊以来,则有钱矣。太昊氏、高阳氏谓之金,有熊氏、高辛氏谓之货,陶唐氏谓之泉。"⑤春秋戎邑名。故址在今河南省洛阳市西南。⑥姓。

灥 读音 xún
释义 三泉;众流。

泉泉泉泉　　读音　chéng
　　释义　义未详。

臾　　读音　yú
　　释义　①捆住拖拉。②善。③肥沃。后作"腴"。《管子》："郡县上臾之壤。"④姓。

　　yǔ　弱弓。《周礼》："往体多，来体寡，谓之夹、臾之属。"

　　yǒng　[縱臾]也作"慫悤"、"從臾"（"縱"，今作"纵"；"慫"，今作"怂"；"從"（今作"从"；"悤"，今作"恿"）。怂恿，鼓动别人去做（某事）。《汉书》："日夜臾王谋反事。"后也单用。吴肃公："夫人臾之再四，乃一往见。"

　　kuì　同"蕢"（今作"蒉"）。草、竹编的筐。

夤　　读音　yín
　　释义　同"寅"。

風（今作"风"）　　读音　fēng
　　释义　①空气流动的现象。气象学上常特指空气在水平方向的流动。刘向："树不静乎风不定。"又：挡风。碧荷馆主人："独木不可以风，孤掌不可以鸣。"②教化。《战国策》："山东之国，从风而服。"③风俗；风气。如移风易俗。④《诗》六义之一。指《诗经》中收集的民俗歌谣。《毛诗序》："故诗有六义焉：一曰风,二曰赋,三曰比,四曰兴,五曰雅,六曰颂。"泛指民歌;民谣。《文心雕龙》:"匹夫庶妇,讴吟土风。"⑤声音。王僧达:"逸翮独翔,孤风绝侣。"⑥作风;风度。《魏书》:"铨学涉有长者风。"⑦收采。《国语》:"风听胪言于市,辨祆祥于谣。"⑧风声;消息。《红楼梦》:"不知谁露了风了。"又:传说的,没有确实根据的。梁启超:"我很盼望这种风说完全靠不住。"⑨风波;事端。李劼人:"不许地方上坏人借故生风。"⑩落。《吕氏春秋》:"其米多沃,而食之强,如此者不风。"⑪兽类雌雄相诱。《书》:"马牛其风,臣妾逋逃,勿敢越逐。"又:走逸。《北魏书》:"库莫奚国有马百匹因风入境。"又:放荡。《红楼梦》:"凤丫头好意待他,他倒这样争风吃醋。可知是个贱骨头。"⑫中医术语。a."六淫"之一。属阳邪,为外感疾病的先导,并常与其他病邪结合而致病。如:风寒;风湿。b.病理性证候的一个类型,其特点是病势急骤、多变。临床常见的有中风(脑血管意外)、肠风、痛风等。⑬羽。⑭众。⑮颠狂病,也指颠狂。后作"疯"(今作疯")。《西游记》:"你原来是个风和尚。"⑯嘻戏。《水浒全传》:"众人忧得你苦,你却在这里风!"⑰姓。

　　fèng ①刮风;吹。《书》:"天大雷电以风。"又:被风吹;受风。《孟子》:"有寒疾不可以风。"引申为乘凉。

《牟平县志》:"纳凉曰风。"②教育;感化。李白:"革其俗而风之。"③通"讽(fěng,旧读 fèng,今作"讽")。a.讽谏;劝告。《史记》:"而王与任王后以此使人止李太后。"b.讽诵。严羽:"先须熟读《楚词》,朝夕风咏,以为之本。"

飌飌 　**读音**　xiāng
　　　　释义　风声。

　shǎng　乱风。

飍飍 　**读音**　xiū
　　　　释义　惊奔貌。韦应物:"世人不知悟,驰谢如惊飍。"②风。③大风起貌。

飝飝飝 　**读音**　hōu
　　　　释义　风。

隻(今作"只")　**读音**　huò
　　　　　　释义　擒获。后作"獲"(今作"获")。

　zhī　①鸟一只。潘岳:"如彼翰林鸟,双栖一朝只。"又:一个。如:片纸只字。②单,与"偶"相对。李德裕:"成篇不拘于只耦。"③孤独;独。真岷:"只身千里客。"董桂敷:"君每过予,只行不扶杖。"④独特。陆游:"读书虽复具只眼。"⑤量词。a.用于动物(多指飞禽、走兽)。如:三只鸡;两只兔子。b.用于某些器物。

如:两只箱子;三只船。c.用于词曲。《水浒全传》:"做了这只《临江仙》词。"⑥通"双(shuāng)"。两;一对。《穆天子传》:"于是载玉万只。"

雙(亦作"雙",今作"双") 读音 shuāng(亦作"雙",今作"双")

释义 ①(禽鸟)二只。杜甫:"江天漠漠鸟双去。"②两。如:双方;双翅;成双成对。③偶数。如:双数;双号;双日。④匹敌。《史记》:"至如信者,国士无双。"⑤追随。《文子》:"恶少爱众,天下双。"⑥量词。用于成对的东西。如:一双筷子;两双袜子。⑦云南等地少数民族计算田亩的单位。田广二亩、四亩、五亩都可称双,各从方俗,无定制。谢肇刚:"佛地以二亩为双。"⑧相配偶。刘向:"黄鹄之早寡兮,七年不双。"⑨姓。

倉(今作"仓") 读音 cāng

释义 ①收藏谷物的地方。《诗》:"我仓既盈,我庾维亿。"又泛指储藏物资的建筑物。如:盐仓;货仓。②监禁罪犯的场所。《未信编》:"罪有轻重之分,则禁有监仓之别。"③古代官名。《周礼》:"仓人掌粟入之藏。辨九谷之物,以待邦用。"④通"蒼"(今作"苍")。青色。《礼记》:"驾苍龙,载青旗。"⑤通"滄"(今作"沧")。⑥用同"艙"(今作"舱")。⑦姓。

chuàng [倉兄(今作"仓兄")],同"怆怳"。悲伤。《诗》:"不殄心忧,仓兄填兮。"

饇 读音 yāo
释义 义未详。

鳥(今作"鸟") 读音 niǎo
释义 ①尾羽长的飞禽。又飞禽的统称。谢朓:"鸟散余花落。"②有翼能飞的昆虫。《大戴礼记》:"有翼者为鸟。"③星座名。古称南方朱鸟七宿。④姓。

diǎo 人、畜雄性生殖器。同"屌"。鲁迅:"就是你真有这本领,又值什么鸟?"

dǎo 同"鳥"(今作"岛")。

què 〔鷲鳥(今作"鸢鸟")〕地名。《汉书·地理志下》:"威武郡鸢鸟(县)。"王先谦补注:"《旧唐志》'鸢鸟'读曰鹳(今作"鹳")雀。"周寿昌校补:"唐人有鹳雀楼,即其地也。"

鳥鳥鳥 读音 niǎo
释义 ①鸟名。②同"鳥"(今作"鸟")

魚(今作"鱼") 读音 yú
释义 ①水生脊椎动物。一种呈纺锤形,多被鳞,以鳍游泳,以鳃呼吸,多数有鳔,体温不恒定。《诗》:"鸢飞戾天,鱼跃于渊。"②某些像鱼类的水栖动物的称呼。如:鳄鱼;鲩鱼;鱿鱼。③喻指人遭淹死。《清史稿》:"此堤一坏,万家其鱼矣!"④两眼毛色白的马。《诗》:"有骥有鱼。以车祛祛。"⑤中医穴位名。指手拇指(或足踇趾)后方的掌(或跖)骨处有明显肌肉隆起,状如鱼腹的部位。⑥捕鱼。后作"渔"。《左传》:"公将如棠观鱼者。"⑦代词。用表第一人称单数,相当于"吾"。《列子》:"姬!鱼语女。"⑧星名。属尾宿。⑨古国名。故城在今四川省奉节县东北赤岬山。⑩姓。

鱻 　**读音**　sū
　　释义　义未详。

魚
魚 　**读音**　yú
　　释义　①二鱼。②同"鱼"。

　　wú　大鱼。

鱻 　**读音**　xiān
　　释义　①同"鲜"(今作"鲜")。②鱼。《周礼》:"冬行鱻羽,膳膏羶。"又指小鱼。张衡:"归雁鸣鵙,黄稻鱻鱼。"又:指小的。吴伟业:"黄须鱻卑见股栗,垂头折足亡精魂。"

　　xiǎn　同"鲜"(今作"鲜")。少。《汉书》:"惟天坠(地)之无穷兮,鱻生民之晦在。"

魚魚
魚魚　读音　yè
　　　　释义　鱼多貌。

黍　读音　shǔ
　　　释义　①古代专指一种子实叫黍子的一年生草本植物。其子实煮熟后有黏性，可以酿酒、做糕等。②糜稷一类粮食植物。《本草纲目》："稷之黏者为黍，粟之黏者为秫，粳之黏者为糯。"③黍类的子实，即黍子的简称。《论语》："止子路宿，杀鸡为黍而食之。"④古时建立度量衡的依据。《孙子算经》："称之所起，起于黍，十黍为一絫，十絫为一铢。"⑤古酒器的一种。《吕氏春秋》："临战，司马子反渴而求饮，竖阳谷操黍酒而敬之。"

黍黍　读音　音未详。
　　　　释义　以杖挑镫。

佥（今作"佥"）
　　　读音　qiān
　　　释义　①副词。皆，都。《三国志》："此贤愚之所以佥忘其身者也。"引申为共同。王安石："人谋谅难佥。"②众，众人，夫家。白居易："宜登中枢，以负佥望。"③多，过甚。④连枷，打谷的农具。⑤用同"迁"（今作"迁"）。调动官职，多指升职。《清平山堂话本》："历任官至杞格县知县，除佥杭州判官。"用同"签"（今作"签"）。a. 签署。《三国演义》："汝等

138

各自金名,共成此事。"b. 签发;签派。《元史》:"已金爨、僰人一万为军"⑦用同"憸"(xiān)。邪佞。如:金壬。⑧姓。

僉
读音　qiān
释义　①水与盐掺和。②同"佥"(今作"金")。

谷
读音　gǔ
释义　①"穀"的简化字。②两山间的流水道。③姓。

yù　[吐谷浑]中国古代少数民族名,属鲜卑慕容氏的一支,初游牧于辽东,西晋末迁至青海、甘肃间,以吐谷浑为国号,唐高宗时被吐蕃吞并。

lù　[谷蠡(lí)王]古代匈奴官名。

谷谷
读音　hé
释义　同"壑"。

臼
读音　jiù
释义　①中间凹下的舂米器具(俗称"石臼");也指某些捣物器具。②臼状的。③姓。

臼臼
读音　jiù
释义　义未详。

乑
读音　shǒu
释义　同"手"。

䖵
𦬑

读音 bài

释义 同"拜"。

"、"部

火

读音 huǒ

释义 ①物体燃烧时所产生的光和焰。《书》："若火之燎于原。"②焚烧。《礼记》："昆虫未蛰，不以火田。"又特指(发生)火灾。《宋史》："三司火。"③用火将食物烹熟。《庄子》："七日不火食。"④火把或灯烛等照明用具。《庄子》："遽取火而视之。"⑤用火光照着。《聊斋志异》："家人火之，俨然成也。"⑥光芒。《元史》："此儿目中有火，它日可大用。"⑦指枪炮弹药。如：交火；停火。⑧形容像火那样的颜色，一般指红色。如。火红；火狐。⑨比喻激动或暴燥、愤怒。如：金八爷火了。⑩比喻紧急。如：火速。⑪古代兵制单位。十人为"火"。《通典》："五人为列，二列为火，五列为队。"又唐代工匠的组织，五人为火。《新唐书》："凡工匠，以州县为团，五人为火，五火置长一人。"⑪同伴组成的集体。后作"夥"(今作"伙")。苏轼："北界群贼一火，约二十余人。"⑬五行之一。⑭中医学术语，指阳性、热性一类的物象或亢进的状态。a. 指生理的火。为阳气所化，生命的动力。如少火、命门火等。b. 指病因六淫(风、寒、暑、湿、燥、火)之一。与暑热同性，但无明显季节性。c. 病理性的各种机能亢进的表现。孟郊：
"为火焦肺肝。"⑮星名。a. 大火，又名心宿。b. 行星之
一。火星，又名"荧惑"。⑯姓。

　　huō　俗指兔子豁开的上唇。

炏

读音　kài

释义　同"炫"。

yán　同"炎"。

炎

读音　yán

释义　①火苗升腾。《书》："火曰炎上。"②焚
烧。《淮南子》："火之燔孟诸而炎云台。"③热。王安
石："五月不觉炎。"也比喻炙人的权势。如：趋炎附势。
④盛大貌。《大招》："南有炎火千里。"⑤炎症。指肢
体局部遭受有害刺激后反映出的红肿、热、痛等症状。
如：肺炎；发炎。⑥指炎帝，即传说中上古时代的神农
氏，因以火为德，故称炎帝。《汉书》："而炎、黄、唐、虞
之苗裔尚犹颇有存者。"⑦指南方。江淹："况北州之贱
士，为炎土之流人。"

　　yàn　火光。后作"燄（焰）"。《后汉书》："光焰烛
天地。"

　　tán　[炎炎] 言辞华丽而富于雄辩。《庄子》："大
言炎炎。"

142

灬 读音 biāo
释义 烈火。

huǒ 同"火"。

燚 读音 tán
释义 烬。

焱 读音 yàn
释义 火花;火焰。《易林》:"卒逢火焱,随风偃仆。"又:方言。火气逼人。

yì 同"焲"。火光。

燚 读音 yì
释义 火貌。

户 读音 hù
释义 ①单扇的门;泛指房屋的出入口。②人家;住户。《史记》:"徙天下富豪于咸阳十二万户。"③从事某种职业的人或家庭。如:农业户;工商户。④门第。如:门当户对。⑤账册上称有账务关系的人或团体。如:开户了;帐户。⑥姓。

卯 读音 mǎo
释义 开门。

启 读音 yì
释义 义未详。

窎

读音　xū

释义　义未详。

心

读音　xīn

释义　①心脏。内脏之一。人和脊椎动物身体为推动血液循环的器官。《素问》："心主身之血脉。"②古代以心为思维器官,故沿用为脑的代称。如:用心;心得。③思想;心思。《诗》："他人有心,予忖度之。"④性情;性格。《韩非子》："董安于之心缓。"⑤思虑;谋画。如:有口无心;工于心计。⑥指品行。如:好心人。⑦胸。鲍照："零泪沾衣抚心叹。"又指胃。陈实功："补中益气汤……空心热服。"⑧物体的中央;中心。如:掌心;圆心。⑨植物的花蕊;苗尖。《齐民要术》："黍心未生,雨灌其心。"⑩(树木的)尖刺。《诗》："凯风自南,吹彼棘心。"⑪古代哲学名词。指人的主观意识。唯心主义哲学家把"心"看作世界的本体。陆九渊："宇宙便是吾心,吾心即是宇宙。"⑫佛教名词。a.与"色"相对,泛指一切精神现象。如:三界唯心;一心三观。b.喻事物的要旨、核心。如《心经》乃撮取《大般若经》六百卷的要旨而成,仅二百余字,故称《心经》。⑬星名。二十八宿之一,东方苍龙七宿的第五宿,有星三颗。⑭姓。

怭 读音 fǎn
释义 义未详。

忴 读音 qìn
释义 悲伤。

惢 读音 suǒ
释义 ①心疑;疑虑。《元包经》:"内有惢。"②善。

ruǐ 花蕊。后作"蘂"、"蕊"。②沮丧貌。左思:"神惢形茹。"③古代祭祀名。

市 读音 shì
释义 ①集中进行交易的场所。陆游:"买鱼寻近市,觅火就邻船。"②交易。进行买卖。《农政全书》:"今之和籴,其弊在于籍数定价,且不能视上、中、下熟,故民不乐与官为市。"③购买。《论语》:"沽酒,市脯,不食。"又:收买。《新唐书》:"昭义节度使庐从史市承宗,外自固,内实与之。"④卖。《韩非子》:"故市木之价不加贵于山。"⑤求取。苏轼:"州县吏人因缘为奸,以市贿赂,故久而不决。"⑥物价;价格。《周礼》:"以政令禁物靡而均市。"⑦"司市"的简称。掌管市场的官吏。《礼记》:"命市纳贾。"⑧城镇、人口密集、工商业发达的地方。如:都市;城市。⑨行政区划单位。如:北京市;武汉市。⑩属于市制的。如:市尺;市斤;市升。

⑪姓。

市 市市	读音	nào
	释义	闹。

立

读音 lì

释义 ①站立。晏几道:"落花人独立,微雨燕双飞。" ②竖起。如:立竿见影。引申为直立的。如:立柜。③建树;成就。《论语》:"吾十有五而志于学,三十而立。" ④成熟。《后汉书》:"今复久旱,秋禾未立。" ⑤特指三十岁。陶潜:"年甫过立,奄与世辞。" ⑥设立;设置。《书》:"立太师、太傅、太保。"《宋书》:"晋武帝太康元年,分秣陵立临江县。" ⑦制订;订立。《商君书》:"及至文武,各当时而立法,因事而制礼。"《三国演义》:"立下文书。" ⑧存在。《韩非子》:"韩亡则荆、魏不能独立。" ⑨帝王或诸侯即位。《后汉书》:"二月辛巳,立刘圣公为天子。" 又指确定某种地位或名分。《儒林外史》:"在本族亲房立了一个儿子过来。" ⑩确定;决定。《后汉书》:"恭陵火灾,主名未立。"《古诗为焦仲卿妻作》:"府吏再拜还,长叹空房中,作计乃尔立。" ⑪坚定。⑫副词。即刻。如:立候回音。⑬通"粒"。以谷米为食。《诗》:"立我烝民。" ⑭通"泣(qì)"。哭泣。《晏子春秋》:"及晏子卒,公出屏而立。" ⑮通"位(wèi)"。⑯姓。

竝

读音　bìng

释义　同"並"。

玄

读音　xuán

释义　①赤黑色。《诗》:"载玄载黄,我朱孔阳。"又泛指黑色。崔豹:"鹤千岁则变苍,又二千岁则变黑,所谓玄鹤也。"引申指黑暗。刘祯:"遗思在玄夜,相与复翱翔。"②深;厚。《九章》:"临沅湘之玄渊兮,遂自思而沈流。"③远。《南史》:"夫玄古权舆,悠哉邈矣,其详靡得而闻。"④神妙;深奥。《老子》:"玄之又玄,众妙之门。"引深指高深的道理。韩愈:"记事者必提其要,纂言者必钩其玄。"⑤玄虚。如:靠不住,这话真玄。⑥奇特。杨朔:"这个人长的样样都大,大的真玄。"⑦透彻;通达。《淮南子》:"使耳目精明玄达而无诱慕……则望于往世之前,而视于来事之后,犹未足为也。"⑧寂静;清静。《淮南子》:"天道玄默,无容无则。"⑨道家的学说;道教。《文心雕龙》:"自中朝黄玄,江左称盛,因谈余气,流成文体。"⑩扬雄《太玄》的简称。顾大典:"草屈子云《玄》,谈卷君卿舌。"⑪天。张衡:"祈福乎上玄。"⑫农历九月的别称。《国语》:"至于玄月,王召范蠡而问焉。"⑬北方。《晋书》:"九夷八狄,被青野而互玄方,七戎六蛮,绵西宇而横南极。"⑭玄孙的省称。韦诞:"美休祚于亿载,岂百世之曾玄。"⑮通"懸"（今作"悬"）。⑯姓。

xuàn ①同"泫"。含混。班固："五德初始,同于草昧,玄混之中,踽绳越契。"②通"眩"。迷惑。《荀子》："上周密,则下疑玄矣。"③通"炫"。照耀（今作"妖"）。《汉书》："采邑玄,炳炳辉煌。"

兹
读音 xuán
释义 黑;浊。

zī 同"兹"。

羊
读音 yáng
释义 ①哺乳动物。种类较多。毛、皮、骨、角可作工业原料,肉和乳可食用。《诗》："羔羊之皮。"②十二生肖之一,与十二地支的未相配。《论衡》："未禽大吉羊。"③吉利。后作"祥"。《汉元嘉刀铭》："大吉羊。"④细密;完备。后作"詳"（今作"详"）。《马王堆汉墓帛书》："臣愿王与下吏羊计某言而笃（笃）虑之也。"⑤通"蠅"（今作"蝇"）。⑥海岛名。在钱塘江口附近。⑦姓。

羴
读音 shān
释义 ①羊的膻气。谭嗣同："岂容溷以腥羴。"②群羊。③鼻烟品目之一。赵之谦："（鼻烟）凡品目四等:曰羴,曰酸,曰煤,曰豆。"

148

米 读音 mǐ

释义 ①去皮后的粮食作物的子实。后多指稻米。《周礼》："掌米粟之出入。"②泛指脱去皮壳后的籽粒。如：薏米；花生米。③小粒像米的食物。如：姜米；虾米。④像细米似的密集的绣纹。《书》："藻、火、粉、米、黼、黻、絺、绣,以五采彰施于五色,作服。"⑤量词。表示少量。张寿卿："想才郎没半米儿尘俗性。"⑥量词。公制长度单位"米突"的省称。一米分为一百厘米,合三市尺。也称公尺。⑦姓。

粊 读音 mǐ

释义 义未详。

槳 读音 róng

释义 义未详。

言 读音 yán

释义 ①说,讲。《书》："三年不言。"②议论,谈论。《论语》："赐也,始可与言《诗》已矣。"③记载。《左传》："叔孙氏之司马鬷戾言于其众曰：'若之何?'"⑤告知;告诉。韩非子："赵令人因申子于韩请兵,将以攻魏,申子欲言之君。"⑥陈述;叙述。《韩非子》："臣愿悉言所闻。"⑦解释引文、词语或某种现象的发端词,相当于"就是说"或"意思是"。《孟子》："《诗》云：'既醉以酒,既饱以德。'言饱乎仁义也。"⑧意料;料想。司空曙："何言芳草日，自作九泉人！" ⑨话；口语。《史记》："以空言求璧。"鲁迅："我的臆测，是以为中国的言文，一向就并不一致的。"特指正确的话。《左传》："非言也，必不克。"又特指怨言、谤言。《宋史》："人言不足恤。" ⑩言论；意见。《盐铁论》："忠言逆于耳而利于行。"周容："能不愧老人之言否？" ⑪言辞；辞令；辞章。《诗》："尔卜尔筮，体无咎言。"《左传》："无乃非盟载之言，以阙君德。"《搜神记》："故其文言，既有义理，又可以占吉凶。" ⑫政令；号令。《诗》："斯文之玷，不可为也。"《国语》："有不祀则修言。" ⑬誓言；约言；盟辞。《左传》："司马曰：'君与之言。'"《离骚》："初既与余成言兮，后悔遁而有他。"《礼记》："史载笔，士载言。" ⑭建议；计策。《诗》："我言为服，勿以为笑。"《吕氏春秋》："文公用咎犯之言，而败楚人于城濮。" ⑮学说；主张。《孟子》："杨朱、墨翟之言盈天下。"《韩非子》："将以法术之言矫人主阿辟之心。⑯语言或文章中的字。《汉书》："说五字之文，至于二三万言。" ⑰口语或文章中的句子。《论语》："《诗》三百，一言以蔽之，曰'思无邪'。" ⑱著作。贾谊："燔百家之言，以愚黔首。" ⑲臣对君的呈文。《搜神记》："王莽居摄，刘京上言。" ⑳古乐器名。大箫。一作"箮"。㉑我。《诗》："彤弓弨兮，受言藏之。" ㉒连词。表示顺接关系。相当于"乃"、

"便"、"就"。《左传》:"既盟之后,言归于好。"㉓助词。a.用于句首。《诗》:"言既遂矣,至于暴矣。"b.用于句中。《诗》:"驾言出游,以写我忧。"㉔通"訊(xùn 今作"讯")。俘虏。《易》:"田有禽,利执言。"㉕"通"愆(qiān)"。过关。《易》:"不永所事,小有言,终吉。"㉖春秋时地名。约在今河南省许昌与淇县之间。㉗姓。

　　yàn　①诉讼。《后汉书》:"兄弟争财,互相言讼。"②通"唁"。慰问。《庄子》:"必有不薪言而言。"

　　yín　[言言]和敬貌。《礼记》:"君子之饮酒也,受一爵而色洒如也,二爵而言斯。"

| 誩 | 读音 | jìng |
| | 释义 | 争论。 |

| 䛿 | 读音 | è |
| | 释义 | 义未详。 |

| 譶 | 读音 | tà |
| | 释义 | 同"譶"。 |

| 譶 | 读音 | tà |
| | 释义 | 说话快;说话不停。 |

| 讋 | 读音 | tà |
| | 释义 | 同"譶"。 |

辛

读音　xīn

释义　①罪。《清史稿》:"(隆科多)凡四十一款,当斩,妻子入辛者库。"又:犯罪。②辣味。苏轼:"捣残椒桂有余辛。"③葱、蒜等带刺激味的蔬菜。《本草纲目》:"正月节食五辛以辟疠气。"④劳苦;艰苦。如:千辛万苦。白居易:"农夫更苦辛。"⑤悲伤;痛苦。李白:"万古共悲辛。"⑥酸痛。白居易:"悲端与寒气,并入鼻中辛。"⑦天干的第八位。与地支相配,用以纪年、月、日。《诗》:"朔日辛卯。"⑧商帝号。⑨同"新"。⑩姓。

辡

读音　biàn

释义　①辩解;争辩。②有口才。张揖:"哀公曰:'寡人欲学小辡以观于政。'"③遍,周遍。

启

读音　qǐ

释义　开。后作"啟"(今作"启")。

䰎

读音　líng

释义　同"靈"(今作"灵")。

享

读音　xiǎng

释义　①献。《礼记》:"五官致贡曰享。"②祭祀。《西游记》:"杀牛宰马,祭天享地。"③鬼神享用祭品。《孟子》:"使之主祭而百神享之,是天受之。"④宴请;以酒食待客。后作"饗"(今作"飨")。韩愈:"日为酒杀羊享宾客。"⑤享受;享用。关汉卿:"为善的受贫穷更命短。造恶的享富贵又寿延。"⑥孝养。⑦相当;适应。《汉书》:"绝却不享之义,慎节游田之虞。"⑥通"烹(pēng)"。

𩱟　读音　chún
　　　　释义　同"鹑"(今作"鹑")。

宜　读音　yí(亦作"𡨆""𡧇")
　　　释义　①菜肴。又烹调菜肴。《诗》:"弋言加之,与子宜之。"②祭名。祭祀土地之神。《礼记》:"天子将出,类乎上帝,宜乎社,造乎祢。"③适宜的事。苏轼:"所施之宜,必有先后。"④相称;适当。《诗》:"缁衣之宜兮,敝予又改为兮。"朱自清:"东墙下有三间净室,最宜喝茶看花。"⑤应当;应该。《元史》:"酒宜节饮,财宜节用。"⑥副词。a.当然。《国语》:"及桓子骄泰奢侈,贪欲无艺,略作行志,假贷居贿,宜及于难。"b.大概。《汉书》:"今阴阳不调,宜更历之过也。"⑦连词。a.表示并列关系。相当于"且"。《诗》:"宜君宜王。"b.表示假设关系,相当于"如"。《吕氏春秋》:"世有贤主秀士,宜察此论也。则其兵为义矣。"⑧助词。无义。木华:"其为广也,其为怪也,宜其为大也,尔其为状也。"⑨古州名。a.唐乾封中置宜州,治所在今广西壮族自治区宜山县。b.南朝梁末置,治所在今湖北省宜昌市西北。c.辽置,治所在今辽宁省义县。⑩姓。

宧（宧） 读音 yí
释义 同"宜"。

宜宜 读音 yí
释义 义未详。

空 读音 kōng
释义 ①空虚。内无所有。《管子》:"仓廪实而囹圄空。"②空间;天空。如:晴空;航空。③穷尽;罄其所有。《论衡》:"竭财以事神,空家以送终。"④无;没有。上官仪:"桂香尘处减,练影月前空。"⑤穿;透。《汉书》:"唐尊衣敝履空。"⑥使空虚;使罄尽。《盐铁论》:"内空府库之藏,外乏执备之用。"⑦浮泛而不切实际。如:空谈;空想。⑧廓大;广阔。《诗》:"皎皎白驹,在彼空谷。"⑨道家语。不执着于现实。贾谊:"不以生故自宝兮,养空而浮。"⑩佛家语。佛家以为一切事物的现象都有它各自的因和缘,而没有实在的自体,即为"空"。《维摩诘经》:"又问:'何以为空?'答曰:'空于空。'"⑪待。⑫副词。a.徒然;白白地。《汉书》:"光戒明友:'兵不空出。'"b.只;仅。杜甫:"边兵尽东征,城内空荆杞。"⑬姓。

　　kǒng ①孔;穴。也作"孔"。《庄子》:"不似礨孔之在大泽乎？"②中医用语，指血脉。《素问》："血行而不得反其空，故为痹厥也。"③墓穴。《金石萃编》："乃以其季（年）十月十七日营空于少陵原之侧。"④通"孔"。大。《汉书》："楼兰、姑师，小国，当空道。"

　　kòng　①穷；贫乏。《诗》："不吊昊天。不宜空我师。"贾谊："信[倍]道而不为，国家必空。"②缺少；短欠。白居易："最惭僧社题桥处，十八人名空一人。"《长工苦》："上空官粮下欠债，央人托保做长工。"③间隔；间隙。《史记》："惠公立，探续哀公卒时年而为元，空籍五岁矣。"鲁迅："近台没有什么空了，我们远远的看吧。"④空子；可乘之机。《三国志》："看伺空隙，欲复为乱。"⑤闲暇时间。如：抽空；没空。⑥腾让出来。如：每段开头空两格。

空空　**读音**　tóng
　　　释义　风声。

音　**读音**　yīn
　　　释义　①乐音。《书》："四海遏密八音。"泛指声音。《淮南子》："清水音小，浊水音大。"②乐曲、歌谣。李白："齐瑟弹东吟，秦弦弄西音。"也指音律、音调。如：定调。③语音。a. 口音。如：方音；配音。b. 字音、音节。如：注音；一字一音。④言辞。《西游记》："弟子诚心听讲，听到老师傅妙音处，喜不自胜。"又：信息。如：佳音。

⑤通"意(yì)"。意思。如:话中之音。⑥姓。

韛 读音 ruǎn
释义 乐器名。亦名"阮"。

奇 读音 qí
释义 同"奇"。

𩠩 读音 jǐ
释义 站得正。

首 读音 shǒu
释义 ①头。如:昂首;首饰。②首领。如:首长。③初始;开端。如:岁首;篇首。④首先;最早。如:首映;首义。又:人之初生。⑤第一。如:首席;首届。⑥首倡;首创。《汉书》:"汉兴,北平侯张苍首律历事,孝武帝时,乐官考正。"⑦根据。《礼记》:"今之祭者,不首其义,故诬于祭也。"⑧要领。《书》:"予誓告汝群言之首。"⑨剑柄上的环。《礼记》。"进剑者左首。"⑩殳柄尾部圆椎形的金属套。《周礼》:"凡为殳,五分其长,以其一为之被而围之;参分其围,去一以为晋围,五分其晋围,去一以为首围。"⑪标明,显示。《礼记》:"所以首其内,而见诸外也。"⑫古代绶、组计数的单位。《北堂书钞》:"凡先合单纺为一丝,四丝为一扶,五扶为一首,五首成一文。"按:一首为四十缕。⑬量词。a.用

156

于诗、文、歌曲等。如:唐诗三百首;一首歌。b.用于旗帜。《西游补》:"小玄旗数首飞在空中。"⑭表示方位。方;面。如:左首;上首;东首。⑮有罪自陈或出面告发。如:自首;出首。⑯屈服;服罪。《南史》:"诏收综等,并皆款服,唯眪不首。"⑰向;朝着。《九章》:"鸟飞返故乡兮,狐死必首丘。"⑱通"道(dào)"。道路。《左传》:"塞井夷灶,陈于军中,而疏行首。"⑲姓。

𩠐　读音　shǒu
　　　释义　同"䫛"。

羑　读音　yǒu
　　　释义　①诱导。后作"诱"。《书》:"惟周文武,诞受羑若。"②姓。

𦍝　读音　yǒu
　　　释义　同"渜"。

羌　读音　qiāng
　　　释义　同"羌"。

　　yǒu　同"羑"。

羴　读音　yǎng
羊羊　释义　义未详。

　　chài、cuó　同"瘥"。

客

读音 kè

释义 ①宾客;客人。《礼记》:"主人敬客,则先拜客;客敬主人,则先拜主人。"又:特指酒宴中的上宾。《国语》:"王子颓饮三大夫酒,子国为客。"②寄居;旅居。白居易:"吾兄寄宿州,吾弟客东川。"③门客;食客。即寄食于贵族豪门并为之服务的人。《史记》:"诸侯以公子贤,多客,不敢加兵谋魏十余年。"④诸侯出使他国的使臣。《周礼》:"大行人掌大宾之礼及大客之仪,以亲诸侯。"⑤客卿,即在本国做官的外国人。《史记》:"诸侯人来事秦者,大抵为其主游间于秦耳,请一切逐客。"⑥以客礼相待;礼遇。《战国策》:"孟尝君客我。"⑦外来的盗寇或敌人。《易》:"重门击柝,以待暴客。"《孙子》:"客绝水而来,勿迎之于水内,令半济而击之,利。"⑧旅人;游子。杜甫:"长为万里客。"⑨顾客。《老残游记》:"渐渐的打尖的客陆续都到店里。"⑩商贩。行商。《儒林外史》:"见那间学堂的书客,就买几本旧书。"⑪佃农;佃户。《南史》:"嫂亡无以葬。自卖为十夫客。"⑫泛指某人。《儒林外史》:"天下必有几个无妻之客。"⑬指从事某种活动或具有某种专长的人。《后汉书》:"吴王好剑客。"⑭指鬼怪。《红楼梦》:"给他瞧瞧祟书本子,仔细撞客着。"⑮次要的。顾炎武:"传为主,经为客。"⑯不以人们主观意志为转移而存在的。如：客观；客体。⑰过去的（时间）。如：客岁；客冬。⑱方言。量词。用于论份出卖的商品。茅盾："他又喊了一客葱花猪肉烧饼和一客肉馒头。"⑲姓。

㝩
读音　kè
释义　义未详。

㝫
读音　jǐ
释义　同"挤"。

audio
读音　è
释义　同"誩（怒声相拒）"。

竸
读音　jìng
释义　同"競"（今作"竞"）。

㗊
读音　tà
释义　同"譶"。

競（今作"竞"）
读音　jìng
释义　"競"的简化字。①角逐；比赛。《诗》："君子实维，秉心无竞。"②争辩。《颜氏家训》："前在修文令曹，有山东学士与关中太史竞历。"③强；盛。《左传》："心则不竞，何惮于病。"④繁剧。《左传》："敝邑有社稷之事。使肥与有职竞焉。"⑤高。⑥副词。争着。《离骚》："众皆竞进以贪婪兮。"⑦通"境"。疆界。《古文苑》："饰甲底兵，奋士盛师，以逼我

159

边竞。"

羔（羙）

读音 gāo
释义 ①小羊。《诗》："羔羊之皮。"②黑羊。《论语》："衣羔裘。"③幼小的生物。如:鹿羔。

羙

读音 gāo
释义 同"羔"。
měi 同"美"。

羪

读音 siù
释义 义未详。

羕

读音 gāo
释义 同"羔"。

盖

读音 gài
释义 ①苫。本指盖物茅苫,泛指用白茅等编的覆盖物。《左传》："乃祖吾离被苫盖蒙荆棘。"②搭盖。王襄:"治舍盖屋。"③房屋的代称。《管子》："百盖无筑。"④器物上部有遮蔽作用的东西。如:锅盖。《水浒全传》："开了桶盖,只顾舀冷酒吃。"⑤车盖。古时蒙在车上、透阳蔽雨的用具。《周礼》："轮人为盖。"也指用布帛等做成便于携带的繖（伞,今作"伞"）。《淮南子》："暑不张盖,寒不被裘。"⑥动物体上有保护作用的骨片或甲壳。如:天灵盖;乌龟盖儿。⑦加在上面。

如：盖章；盖戳。⑧遮蔽；掩盖。《商君书》："夫妻交友不能相为弃恶盖非。"⑨胜过；超过。《史记》："功盖五帝。"⑩崇尚。《国语》："夫固知君王之盖威以好胜也。"⑪党。⑫副词。表示揣测、推断，相当于"大概"。苏辙："（宋）玉之言盖有讽焉。"⑬连词。承接上文，表示原因和理由。《史记》："屈平之作《离骚》，盖自怨生也。"⑭助词。a.用于句首。曹丕："盖文章经国之大业，不朽之盛事。"b.用在句中。《诗》："谓天盖高，不敢不局。谓地盖厚，不敢不蹐。"⑮通"盍（hé）"。a.代词。表示疑问。相当于"何"。《庄子》："技盖至此乎?"b.相当于"何不"。《史记》："故天下莫能容夫子，夫子盖少贬焉?"⑯通"闔（hé，今作"阖"）"。门扇。《左传》："堇有力焉，能投盖于稷门。"⑰通"害（hài）"。a.祸患。《书》："鳏寡无盖。"b.妨碍。《庄子》："阴阳相照相盖相治。"c.伤害。《孟子》："象曰：'谟盖都君咸我绩。'"⑱古州名。唐贞观十九年置，故址在今辽宁省盖县。⑲县名。在辽宁省。唐置盖州，明为盖州卫，清改县。

gě ①古地名。战国齐盖邑，汉置盖县。北齐废。故城在今山东省沂水县西北。②姓。

盖
盖盖

读音 kǎi

释义 义未详。

鹿

读音　lù

释义　①哺乳纲鹿科动物的通称。鹿四肢细长，尾巴短，一般雄兽头上有角，有的有花斑或条纹。听觉和嗅觉都很灵敏。种类很多。《诗》："呦呦鹿鸣，食野之苹。"②比喻政权或爵位。《史记》："秦失其鹿，天下共逐之。"又比喻掌权的人。扬雄："往昔周网解结，群鹿争逸。"③粗；粗劣。如：鹿裘；鹿车；鹿布。④粮仓。也作"簏"。《国语》："市无赤米，而囷鹿空虚。"⑤通"麓"。山脚。《春秋》："秋，八月，辛卯，沙鹿崩。"⑥通"角(jué)"。古代酒器。桂馥："鹿，角也。《韩诗说》：'四升曰角。'……鹿、角声相近。"⑦姓。

　　lú　[獨(今作"独")鹿]即"屬(今作"属")镂(今作"镂")"。剑名。《荀子》："进谏不听，到而鹿弃之江。"

麤

读音　cū

释义　①行超远。②警惕。③粗糙；粗劣。顾炎武："石炭、石墨一物也，有精麤尔。"④粗疏；粗浅。班固："且夫道有夷隆，学有麤密。"⑤粗大。《五灯会元》："黄河水急浪花麤。"⑥粗放；粗豪。姚合："破虏千里，三军意气麤。"⑦粗暴；粗野。《韩非子》："知伯之为人也，麤中而少亲。"⑧粗鄙；粗浅。王彦威："寄语长安旧冠盖，麤官到底是男儿。"⑨粗布。

竟　**读音**　jìng

释义　①乐曲终止。②终了；完毕。如：未竟之业。③周遍；自始至终。如：竟日，汗流竟体。④穷究（其事）。《汉书》："此县官重太后，故不竟也。"⑤副词。a.终于；终究。《后汉书》："有志者事竟成也。"b.表示出乎意料之外。相当于"居然"、"竟然"。《红楼梦》："今日又是平姑娘的千秋，我们竟不知道。"c.径直，直接。《三国演义》："我竟往夏口。"⑥通"鏡（今作"镜"）"。镜子。《尚方镜铭》："尚方作镜真大好，上有仙人不知老。"⑦通"竸"。强劲。《墨子》："死士为苍英之旗，竟士为虎旗。"⑧通"竸"。疆界。《左传》："卿非君命不越竟。"⑨姓。

竸　**读音**　jìng

释义　同"竸（今作"竞"）"。

寒　**读音**　hán

释义　①冷。《史记》："……风萧萧兮易水寒。"②感到冷。《左传》："师人多寒。"又：使受冷。《孟子》："一日暴之，十日寒之。"③寒冷的季节。与暑相对。《易》："寒往则暑来，暑往则寒来。"④贫困。《史记》："范叔一寒如此哉！"⑤卑微；微贱。《晋书》："是以上品无寒门，下品无势族。"⑥谦词。《镜花缘》："寒舍就在咫尺。"⑦特指终止盟约。王明清："遂寒前

163

盟。"⑧恐惧;战栗。《新唐书》:"乃上疏请立皇太子,语深切,人为寒惧。"⑨声音凄凉。江淹:"马寒鸣而不息。"⑩凋零;枯萎。崔实:"黄梅寒,井底干。"⑪中医术语。a.外感"六淫"之一。中医以风、寒、暑、温、燥、火为"六淫"。《论衡》:"人中于寒,饮药行解。"b.病名,由寒邪引起的机体衰退的病症。《孟子》:"有寒疾,不可以风。"⑫将肉类用酱渍或冷冻食品。《盐铁论》:"煎鱼切肝,羊淹鸡寒。"⑬河神。即司寒。《左传》:"祭寒而藏之。"⑭拔取。⑮虞夏时国名。在今山东省潍坊市东北。⑯姓。

寒寒寒
读音 lǐn
释义 义未详。疑同"凛"。字见郑采《题复古秋山对月图》。

龍(今作"龙")
读音 lóng
释义 ①传说中的神异动物,身长,有鳞爪,能兴云降雨。《礼记》:"麟凤龟龙,谓之四灵。"②封建君主或皇帝的象征。《论衡》:"祖龙死,谓始皇也。祖,人之本,龙,人君之象也。"也把龙字用在帝王使用的东西上。如:龙座;龙床;龙衮。③比喻英雄才俊。《三国志》:"诸葛孔明者,卧龙也,将军岂愿见之乎?"④十二生肖之一。⑤长形象龙的。如:火龙;车水马龙。⑥龙形的花纹。如:龙币;龙盾。⑦有龙形花纹或形状像龙的东西的代称。a. 龙杓。《礼记》:"夏后氏以龙勺。"b. 龙舟。薛逢:"鼓声三下红旗开,两龙跃出浮水来。"c. 龙团茶。苏轼:"火前试焙分新胯,雪里头纲辍赐龙。"⑧骏马。王勃:"马群杂而不分龙。"⑨星名。a. 东方七宿。b. 岁星。c. 太岁。⑩古代传说中的官名。《左传》:"太皞氏以龙纪,故为龙师而龙名。"⑪由龙卷风形成的积雨云。张籍:"云童童,白龙之尾垂江中。"⑫旧时堪舆家以山势为龙。罗大经:"八盘岭乃禁中来龙,乞禁人行。"也称山脉。《徐霞客游记》:"其脊乃东南下老龙。"⑬古代炼丹术士称水或汞。李成用:"鼎中龙虎伏初驯。"⑭龙泉剑的省称,泛指精良的剑。施肩吾:"玉匣锁龙鳞甲冷,金铃衬鹘羽毛寒。"⑮萌。⑯通。⑰和。⑱水草名。即荭草。也作"蘢(今作"茏")"。《诗》:"山有乔松,隰有游龙。"⑲通"寵(chǒng,今作"宠")"。荣耀。《诗》:"既见君子,为龙为光。"⑳古地名。春秋鲁地。在今山东省泰安县。㉑通"壠(今作垄)"。a. 冈垄。《孟子》:"人亦孰不求富贵?而独于富贵之中,有私龍(今作"龙")断焉。"b. 坟墓。㉒姓。

龘 读音 dá
释义 ①龙飞之状。②二龙。卫元嵩:"震。龘之赫,霆之君。"

龖 (龍/龖)
读音 dá
释义 同"龘"。龙飞之状。

龖龖 (龍龖/龍龖)
读音 zhé
释义 唠唠叨叨,话多。

高
读音 gāo
释义 ①由下到上距离长,离地面远(与低相对)。②高度。③在一般标准或平均程度之上。④(情绪)热烈;(声音等)大。⑤高尚。⑥等级在上的。⑦推崇;敬重。⑧敬辞,称别人的事物。⑨姓。

高高高
读音 áo
释义 义未详。

康
读音 kāng
释义 ①安宁;安乐。②没有病,身体好。③"大";广大。④褒扬;称赞。⑤空;空虚。⑥通"糠"。⑦姓。

康
读音 kāng
释义 义未详。

鹿
读音 lù
释义 同"鹿"。

麤麤 (麤)
读音 cū
释义 同"粗"。

塵（尘） 读音 chén
释义 ①尘土。②佛教、道教等指人世间。③踪迹。④姓。

麎麎 读音 chén
释义 同"尘"。

道 读音 dào
释义 ①道路；通路。街道、人行道、下水道、河流改道。②道理；正义。得道多助，失道寡助。③方法；本领。谋生之道，生财之道。④思想；主张；学说。志同道合、离经叛道。⑤道德；行为准则。道义、公道、妇道。⑥属于道教的；道教徒。道经、道观、老道、一僧一道。⑦某些迷信组织。一贯道、会道门。⑧说。一语道破、能说会道。⑨以为；认为。我道是谁呢，原来是你。⑩中国历史上行政区域的名称。在唐代相当于现在的省，清代和民国初年在省的下面设道。⑪细长的痕迹，线条。他在这段文字下面画了一条红道儿；他用粉笔在黑板上画了两条斜道儿。⑫量词，用于计量条形物、门、命令、题目等。一道闪电；两道门；一道命令；十一道题；施三道肥。⑬姓。

dǎo ①通"导"（今作"导"）。《书·禹贡》："九河既道"。②治理。《论语·学而》："道千里之国。"③诌媚。《庄子·天地》："俗之所谓然而然之，所谓善而善之则不谓之谄谀之人也。"④从，由。《管子·地》："世俗之所谓然而然之，所谓善而善之，则不谓之谄谀之人也。"⑤从，由。《管子·禁藏》："故凡治乱之情，皆道上始。"

道
道道

读音 zhà

释义 义未详。

容

读音 róng

释义 ①容积，容量，器物能容纳的量。②宽容；饶恕。③容纳，收受。④让；允许。⑤或许，也许。⑥脸上的神情或气色。⑦样子。⑧修饰；打扮。⑨障蔽物；小曲屏风。⑩姓。

容容

读音 huò

释义 同"豁"。

róng　同"容"。

"一"部

乙

读音 yǐ

释义 ①天干的第二位,与地支相配,用以纪年、月、日。《礼记》:"其日甲乙。"②序数第二的代称。如:乙等;乙级。③指某人。《睡虎地秦墓竹简》:"甲谋遣乙盗。"④草破土而出之状。《白虎通》:"乙者,物蕃屈有节欲出。"⑤鱼肠。《礼记》:"鱼去乙。"⑥虎两胁及尾端之骨。段成式:"虎威如乙字长一寸,在胁两旁皮肉,尾端亦有之。"后以乙喻虎威。苏轼:"得如虎挟乙,失若龟藏六。"⑦工尺谱记音符号之一,表示音阶上的一级。⑧姓。

yì 同"鳦"。燕子。《大戴礼记》:"来降燕乃睎。燕,乙也。"

jué 同"レ"。用作标记的符号。又:字有脱误,从旁钩补也叫"乙"。陆游:"校雠辛苦谨涂乙。"

乄乄

读音 huì

释义 同"會"(今作"会")。

马

读音 hàn

释义 花苞。

号

读音 xián

释义 草木之花盛开。

刀

读音 dāo

释义 ①割、砍、削的器具的总名。也用作兵器名。魏源:"操刀而不割,拥楫而不渡。"②形状像刀的东西。如:冰刀。③古钱币名。形状像刀。《史记》:"虞夏之币,金为三品,或黄,或白,或赤;或钱,或布,或刀,或龟贝。"④小船。后作"舠"。袁宏道:"渔刀小艇,雇觅一空。"⑤量词。纸张的计量单位。一般以各种规定大小的纸一百张为一刀。沈榜:"包裹纸十刀。"⑥姓(西南地区少数民族)。

diāo 同"刁"。

刂

读音 dāo

释义 同"刀"。用作偏旁。俗称"立刀"或"直刀"。

刕

读音 diāo

释义 断;断取。

屵

读音 wēi

释义 同"危"。

嵍

读音 sè

释义 同"岊"。

刕
> **读音** cóng
> **释义** 同"从"。一说同"剥"。

刕
> **读音** lí
> **释义** 姓。

力
> **读音** lì
> **释义** ①人和动物筋肉收缩或扩张所产生的效能。如:体力;气力。②力量;能力。如:财力;理解力;生命力。③物理学名词。凡能使物体运动、静止或者发生形变的作用都称为力。如:磁力;冲击力;地心引力。④权势。晁错:"因其富厚,交通王侯,力过吏势。"⑤努力;致力(于)。邵谒:"古人力文学,所务安疲氓;今人力文学,所务惟公卿。"也指对某方面所作的努力。《荀子》:"真积力久则入。"⑥尽力地;竭力地。如:力争上游。⑦功劳;功效。张溥:"待圣人之出而投缳道路,不可谓非五人之力也。"⑧徭役。《国语》:"任力以夫,而议其老幼。"也指仆役。萧统:"送一力给其子书曰:'汝薪水之劳。'"⑨劳动;劳力。《韩非子》:"不事力而衣食则谓之能。"⑩(病得)厉害。《汉书》:"今病力,不能任郡事。"⑪古代测量弓的强度的单位。上古和中古测量弓的强度以"石(dàn)"为单位。约在明代,由于制弓技术的进步,改为以"力"为单位。一个"力"是九斤十四两(或云九斤四两)。《儿女英雄传》:"到了考的这

171

天,我开得十六力的硬弓。"⑫姓。

劢
读音　cóng
释义　同"從(今作"从")"。一说"刕"的讹字。

劦
读音　xié
释义　①同"協"(今作"协")。合力;同力。
②急。③姓。

卪
读音　xiān
释义　姓。
　　jié　同"卩"。
　　zhuàn　具。

㗊
读音　jì
释义　义未详。

又
读音　yòu
释义　①右手。后作"右"。②重复出现。《谷梁传》:"过而不改,又之,是谓之过。"③副词。a.表示将要重复的动作,相当于"再"。《左传》:"姑又与之遇以骄之。彼骄我怒,而后可克。"b.表示动作的重复或继续。如:说了又说。c.表示递进关系,相当于"而且"。《史记》:"以故城中益空无人,又困贫,所从来久远矣。"d.表示几种情况或性质同时存在。如:又红又专;既不利人,又不利己。e.表示轻微转折,相当于

"却"。《墨子》:"欲以干上帝鬼神之福,又得祸焉。"
f.用在否定句或反问句里,起如强语气的作用。如:他
怎么会知道的? 我又没有告诉他;这点小事情又费得了
多大功夫? g.表示补充申说。《史记》:"是时萧何为相
国,而张苍乃自秦时为柱下史,明习天下图书计籍。苍
又善用算律历,故令苍以列侯居相府,领主郡国上计
者。"④连词。连接整数和零数。如:四又三分之一。
⑤通"有(yǒu)"。《马王堆汉墓帛书》:"功成而不止,
身危又央(殃)。"⑥通"宥"。宽恕。《礼记》:"王三又,
然后制刑。"⑦通"祐(yòu)"。福。《小屯殷墟文字乙
编》:"我伐马方,帝受我又。"⑧姓。

叒
读音 yǒu
释义 同"友"。

双
读音 shuāng
释义 同"雙"。今为"双"的简化字。

叒
读音 ruò
释义 同"若"。a.顺。b.[叒木]同"若木"即
古代神话中的木名"榑桑(扶桑)"。据说太阳初升,登
上此木。

叕
读音 zhuó
释义 联叕。也作"缀(今作'缀')"②短,不足。

《淮南子》:"圣人之思脩,愚人之思叕。"

　　yǐ　张网貌。

　　lì　①止。②系。

　　juě　速。

| 希 | 读音 | xī |
| | 释义 | 同"希"。 |

| 絺 | 读音 | xī |
| | 释义 | 同"希"。 |

| 肴 | 读音 | yì |
| | 释义 | 同"希"。 |

| 絲 | 读音 | sì |
| | 释义 | 同"絺"。 |

| 了 | 读音 | liǎo |

释义　①走路时足胫相交。②结束;了结。《老残游记》:"今日大案已了。"③决定;决断。《资治通鉴》:"闻卿此谋,意始得了。"④聪明;有才智。《后汉书》:"夫人小而聪了,大未必奇。"⑤明白;懂得。《南史》:"心如明镜,遇物便了。"⑥清楚;明晰。《聊斋志异》:"是夜,月明清洁。俯视甚了。"⑦快。⑧悬挂。⑨副词。完全;全然。李白:"养奇禽千计,呼皆就掌取食,了无惊猜。"

le ①助词。用在动词或形容词后,表示完成。茅
盾:"太阳刚刚下了地平线。" ②语气词。用于句末。
a.表示肯定语气。关汉卿:"事到如今,也顾不得别人
笑话了。"b.表示劝止或命令语气。如:别吵了;快躲
了。c.表示感叹语气。《水浒传》:"好了! 兀的不是一
个人来?"

liào "瞭"的简化字

刕 读音 chuǎn
释义 同"舛"。

孑 读音 nǎi
释义 同"乃"。

厶 读音 sī
释义 "私"。与"公"相对。奸邪;个人的;自己
的。《韩非子》:"古者苍颉之作书也,自环者为之厶,背
厶谓之公。"

mǒu 同"某"。

厸 读音 lìn
释义 同"鄰(今作"邻")"。

miǎo 张口。

厺 读音 huàn
释义 同"幻"。

垒

读音　lěi

释义　累土块为墙。

垒

读音　yōu

释义　同"幽"。

小

读音　xiǎo

释义　①细；微。与"大"相对。《书》："怨不在大，亦不在小。"又：使变小。《孟子》："匠人斲而小之。"②狭隘；不足。《书》："好问则裕，自用则小。"《礼记》："义有长短小大。"③轻视。《左传》："国之不可小，有备故也。"又：觉得小。《孟子》："孔子登东山而小鲁，登太（同"泰"）山而小天下。"④年幼的人。《诗》："既醉既饱，小大稽首。"又：指年幼。《世说新语》："小时了了，大未必佳。"⑤低微。《孟子》："不辞小官。"又：指地位低微或品质不好的人。《诗》："忧心悄悄，愠于群小。"⑥妾；小老婆。《牡丹亭》："你可知老相公年来因少男儿，常有取小之意？"⑦短暂。董必武："来何濡滞去淹留，小住延安十一周。"⑧将近。《水浒传》："昨夜有一个鲜眼黑瘦义子，在我店里歇了一夜，直睡到今日小日中，方才去了。"⑨谦词。称自己或与己有关的人或事物。《左传》："小人有母，皆尝小人之食矣，未尝君之羹。"《二十年目睹之怪现状》："我小号和局里常有交易。"⑩表示对小辈的爱称。如：小李；小王。⑪副词。

表示程度,相当于"稍微"、"略微"。韩愈:"有司计算所费,苟务因循,小不如意,即求休罢。"⑫通"少(shǎo)"。⑬姓。

尛	读音	mǒ
	释义	同"麼(今作"么")"。

厽	读音	mǒ
	释义	同"麼(今作"么")"。

烞	读音	xiǎo
	释义	同"小"。

屮	读音	chè
	释义	草木初生。

艸	读音	cǎo
	释义	同"草"。草本植物的总称。

芔	读音	huì
	释义	同"卉"。

hū　同"(芔)"。

茻	读音	mǎng
	释义	①众草。草丛。②丛生的蕨类。

mǔ　宿草。

飞 读音 fēi
释义 "飛"的简化字。

飞 读音 fēi
释义 同"飛(今作"飞")"。

彐 读音 jì
释义 ①猪头。②猬属。

彐 读音 dūo
释义 同"多"。

己 读音 jǐ
释义 ①天干的第六位,与地支相配,用以纪年、月、日。《礼记》:"中央土,其日戊己。"②代词。自己,本身。《孙子》:"知己知彼。"③纪识;识别。后作"纪"。《谷梁传》:"己即是事而朝之。"④助词。相当于"其"。《韩诗外传》:"彼己之子,舍命不偷。"

　　qǐ　姓。

吕 读音 hǎn
释义 义未详。

吕 读音 jì
释义 义未详。

弓 读音 gōng
释义 ①射箭或打弹的兵器,多用坚韧的木条弯成弧形,两端系弦,张弦发射。<u>毛泽东</u>:"只识弯弓射大雕。"②形状或作用像弓的器具。如:弹弓;胡琴弓,弹棉花用的弓。③弯曲;使弯曲。如:弓着腿坐着。<u>郭沫若</u>:"弓起背儿走起来。"④支撑车盖的弓形骨架。《<u>周礼</u>》:"弓凿广四枚。"⑤丈量土地的器具,用木制成,形状似弓,两端距离是五尺,也叫步弓。⑥量词。丈量土地的计算单位。相当于"步"。旧指五尺为一弓,三百六十弓为一里,二百四十方弓为一亩。古制则以六尺或八尺为一弓,三百六十弓为一里。⑦弓形纹的简称。指纹基本类型的一种,由多数弓形线组成,纹线自一侧进入,由他侧流出,中部隆起呈弓形,无回旋线和三角。⑧姓。

弜 **读音** jiàng
释义 ①强。<u>卫元嵩</u>:"倔弜胥执。"②弓偏。一说"柲"的本字。

弨 **读音** zhōu
释义 义未详。

弝 **读音** nǎi
释义 同"乃"。

尸 **读音** shī
释义 ①陈;陈列。《<u>太玄</u>》:"前尸后丧。"②古代祭祀时代表死者受祭的活人(一般以臣下或死者的晚辈充任)。《仪礼》:"主人再拜,尸答拜。"③神主;神像。《天问》:"载尸集战何所急。"④主;主体。司马贞:《战国策》云:'宁为鸡尸,不为牛从。'"⑤主持;执掌。《诗》:"谁其尸之,有齐季女。"章炳麟:"尸中原之魁柄。"⑥喻坐享禄位,不干实事。刘禹锡:"臣久尘高位,尸素已多。"⑦尸体。后作"屍"。梅尧臣:"横尸无以葬。"⑧陈列尸体示众。《国语》:"杀三郤而尸诸朝。"⑨舒展。柳宗元:"尸其肌肤。"⑩姓。

卲
读音　jié
释义　义未详。

屍
读音　xián
释义　义未详。

女
读音　nǚ
释义　①女子;妇女。《诗》:"出其东门,有女如云。"特指未婚的女子。《周礼》:"女二十而嫁。"②女儿。关汉卿:"我是他亲生的女。"③雌性的。顾炎武:"山东、河北人谓牝猫为女猫。"④幼小;柔弱。刘师培:"小雀谓之女鸥,犹小桑谓之女桑,城上小墙谓之女墙也。"⑤星名。二十八宿之一,北方玄武七宿的第三宿。有星四颗。又指织女星。
　　nù　①以女嫁人。《左传》:"宋雍氏女于郑庄公。"

②出仕;做官。《汉书》:"奚必云女彼高丘?"

　　rǔ　①代词。表示第二人称,后作"汝"。李公佐:
"当与女相见。"②姓。

奻
　　读音　nuán
　　释义　①争吵。②愚。

姟
　　读音　jiāo
　　释义　同"姣"。

姦
　　读音　jiān
　　释义　①淫乱;私通。《汉书》:"定国与父康王
姬姦。"②狡诈;邪恶。元好问:"鬼域姦无尽。"又指狡
诈、邪恶的人。《元史》:"黜姦举才。"③营私;非法。
《韩非子》:"姦财货贾得用于市。"④盗窃。《淮南子》:
"姦符节,盗管金。"⑤伪。⑥外乱。《左传》:"臣间乱
在外为姦。"通"干(gān)"。干犯;干扰。《淮南子》:
"各守其职,不得相姦。"

姣
　　读音　jiāo
　　释义　义未详。

子
　　读音　zǐ
　　释义　①古代指儿、女;现在专指儿子。《仪
礼》:"子生三月则父名之。"②子孙,后代。石崇:"我本
汉家子。"③特指太子,君位的继承人。《公羊传》:"不

君灵公,不成其子也。"④诸侯服丧期间的称呼。《公羊传》:"既葬称子,逾年称公。"⑤臣民;百姓。《礼记》:"反尔地,归尔子。"⑥爱;像对子女一样地爱护。柳宗元:"私其土,子其人。"⑦尽儿女之道,善事父母。《淮南子》:"洞洞属属而将不能恐失之,可谓能子矣。"⑧收养为子。《史记》:"完母死,庄公令夫人齐女子之。"⑨我国古代第四等爵位名。《礼记》:"王者之制禄爵,公、侯、伯、子、男凡五等。"又商代第三等爵位名。《公羊传》:"春秋伯子一男也。"⑩古代士大夫的通称。赵彦卫:"诸侯之上大夫卿、下大夫、上士、中士、下士凡五等,亦称子。"⑪古代对男子的通称。《诗》:"送子涉淇。"⑫古代对女子的称呼。《诗》:"之子于归,宜其室家。"⑬泛指人。《荀子》:"何法之道,谁子之与也。"⑭代词。表示第二人称,相当于"你"或"您"。《韩非子》:"以子之矛陷子之楯,何如?"⑮古人对自己老师的称呼。《论语》:"子曰:学而时习之。"⑯指先秦百家的著作,及此后图书四部分类(经、史、子、集)中的第三部类,包括哲学、科技和艺术等类书籍。如。《老子》《荀子》《韩非子》等。⑰动物的幼儿。《后汉书》:"不入虎穴,焉得虎子。"⑱动物的卵。《格物粗谈》:"母鸡生子,与青麻子吃,则长生不抱。"⑲植物的果实或种子。如:松子;裸子植物。⑳滋生。《齐民要术》:"乃畜牛羊,子息万计。"㉑结果实。《齐民要术》注:"李性坚,实脱(晚),五岁者始子。"㉒称细小的物件。如:子弹;子石;算盘子。㉓特指棋子。《中国谚语资料》:"落子无悔大丈夫。"㉔幼小的;稚嫩的。如:子鸡;子畜;子姜。㉕古代货币轻者称为子。《国语》:"民患轻,则为作重币以行之。于是乎有母权子而行,民皆得焉。"又:铜元、分子钱亦称子。老舍:"下车一个子儿没给。"㉖利钱;息金。《史记》:"子贷金钱千贯。"㉗副,偏(指官职)。《新唐书》:"以本行为头司,余为子司。"㉘指派生的、从属的(与本体或母体相对而存在的事物)。如:子目;子公司;子母钟。㉙地支的第一位。常与天干相配使用。a.用以纪年。如:一九八四年为农历甲子年。b.用以纪月,即农历十一月。c.用以纪日。《仪礼·士丧礼》:"不辟子卯。"d.用以纪时,即夜半十一时至一时。㉚五行属水。㉛十二生肖属鼠。㉜似。㉝量词。如:两子儿线。㉞用同"则(zé)"。作,做。董解元:"牙儿抵着不敢子声。"㉟用同"姊"。㊱副词。a.表示限制,相当于"只"。关汉卿:"子敬衣衫不敬人。"b.表示让步关系,相当于"虽然"。杨梓:"老子老呵,犹兀自万夫难敌。"㊲姓。

　　zī　①后缀。a.加在名词、动词或形容词性成份之后,使之构或名词。如:桌子;拍子;胖子。b.用于量词之后。如：两下子；几帮子；一辈子。c. 助词。表示动态，相当于"着（zhe）"。《红楼梦》："说我一天尽子玩。"

孖 读音 zī
释义 ①双生子。②双。<u>谢肇淛</u>："孖生者疑于兄弟。"③同"滋"。滋长。

mā 方言。谓相连成对。如：孖仔；孖番枧（番枧，肥皂）。

开 读音 nǐ
释义 ①同"舂"。盛貌。②前。

jìn 同"進（今作"进"）"。

孨 读音 zhuǎn
释义 ①弱。后作"孱"。②懦弱；谨小慎微。后作"孱"。③孤儿。④孤露可怜。

nì 同"舂"。聚貌。

孲 读音 jí
释义 义未详。

幺 读音 yāo
释义 ①小；细。《晋书》："若桓玄之幺麽（今作"么"），岂足数哉！"又：幼小的；排行最末的。如：幺妹子；么叔。②数词"一"的俗称。《聊斋志异》："掷得幺二三。"③后面的。多用于戏曲术语中。关汉卿:"小娘子休唱前篇,则唱幺篇。"④古律历天文术语,计长度的单位词。《隋书》:"不成秒曰麽(今作"么"),不成篾曰幺。"⑤姓。

mì 同"系"。

丝

读音 yōu

释义 ①微细;微小。卫元嵩:"俶幺幺,卒飘飁飁。"②隐暗不明。卫元嵩:"云雰雰,眀丝。"③微妙。

zī 同"兹"。

巛

读音 chuān

释义 同"川"。

shùn 同"鬊"。

巛

读音 kūn

释义 同"坤"。

比

读音 bǐ(旧读 bì)

释义 ①亲;亲近。《书》:"远者德,比顽童。"又:靠近;挨着。《齐民要术》:"苗长不能耘之者,以刬镰比地刈其草矣。"②密(与"稀"、"疏"相对)。《诗》:"其崇如墉,其比如栉。"③合,亲合。《汉书》:"与二三君子比意同力,冀得废遗。"④辅助。《诗》:"嗟行之人,胡不比焉?"⑤调顺;和协。《管子》:"为人弟者,比

顺以敬。"《资治通鉴》:"气同则从,声比则应。"⑥同;
齐同。耶律楚材:"气当霜降十月爽,月比中秋一倍
寒。"⑦并列;排列。《书》:"称尔戈,比尔干。"⑧相连
接。《论衡》:"或诎弱缀踤,蹸蹇不比者为负。"⑨每;
连。《礼记》:"比年一小聘。"《新唐书》:"时唐兵比岁
屯京西、朔方。"⑩先;先前。《仪礼》:"比奠,举席埽
室,聚诸窔。"⑪勾结;结党营私。《论语》:"君子周而
不比,小人比而不周。"⑫六十四卦之一,卦形为☷☵。
⑬矢栝,箭末扣弦处。《周礼》:"夹其阴阳以设其比,夹
其比以设其羽。"⑭比子。后作"篦"。《史记》:"比余
一,黄金饰具带一。"⑮古时哈萨克族、布鲁特族(即柯
尔克孜族)称其君长为比。⑯副词。a.皆;都。《战国
策》:"断死于前者比是也。"b.屡次;接速。《战国策》:
"人有卖骏马者,比三旦立市,人莫之知。"c.近;近来。
《后汉书》:"比谷虽贱,而户有饥色。"⑰介词。a.代;
为。《孟子》:"寡人耻之,愿比死者壹洒之。"b.及;等
到。《孟子》:"比其反也,则冻馁其妻子。"c.和……相
比。用来比较性状和程度的差别。柳宗元:"今虽死乎
此,比吾乡邻之死则已后矣。"⑱通"庇(bì)"。托庇;覆
蔽。《庄子》:"自以比形于天地,而受气于阴阳。"⑲通
"鼻(bí)"。始。《庄子》:"不推,谁其比忧?"⑳比较;
较量。《周礼》:"比其大小,与其粗良,而赏罚之。"

㉑考校,核查。《周礼》:"及三年则大比。"㉒比配;能够相比。韩愈:"冷比雪霜甘比蜜。"㉓类;辈。《汉书》:"益求其比,以辅圣德。"㉔类似;相类。《礼记》:"不胜丧,乃比于不慈不孝。"㉕比喻;比方。如:他用纸老虎作比。㉖比照;仿照。《战国策》:"为之驾,比门下之车客。"㉗比画。《红楼梦》:"我比给他看,不想失了手。"㉘对着;向着。刘若愚:"今跋中词意所指,直比皇上贵妃。"㉙例;条例。《后汉书》:"校定科比,一其法度。"㉚古代基层行政编制,五家为比。《周礼》:"令五家为比,使之相保。"㉛旧时官府对拘捕犯人或交纳赋税所规定的期限叫"比"。《水浒全传》:"着落郓城县追捉家属,比捕正犯。"又:对逾期不交税或不交差者的杖责,叫"追比"。《东观汉记》:"虽有百金之利,慎毋与人重比。"㉜《诗》六义之一。即比喻的手法。《文心雕龙》:"诗人比兴,触物圆览。"㉝本;本来。《敦煌变文集》:"比望我子受快乐,因何愁苦转悲伤?"㉞数学名词。比较两个同类数量的倍数关系,其中一数是另一数的几倍或几分之几。如:工业与农业总产值为二与一之比。㉟表示比赛双方得分的对比。如:甲队以二比一胜乙队。㊱国名。比利时的简称。㊲姓。

　　pí 　[皋比]虎皮。《左传》:"(公子偃)自雩门窃出,蒙比而先犯之。"

pǐ 同"庀"。治理；准备。《庄子》："农夫无草莱之事则不比。"

毕

读音 pí
释义 "芘"的讹字。

水

读音 shuǐ
释义 ①无色无味的透明液体，分子式为 H_2O。李白："君不见黄河之水天上来，奔流到海不复回。"又汲水。萧统："今遣此力助汝薪水之劳。"②泛指某些液态物。如：药水；铁水。③河流。《诗》："淇水在右。"④江、河、湖、海的通称。如：万水千山。⑤用水测平。何晏："作无微而不违于水臬。"⑥游水。《荀子》："假舟楫者，非能水也，而绝江河。"⑦洪水；水灾。《史记》："宋水，鲁使臧文仲往吊水。"又：用水淹。《汉书》："高皇帝烧栈道，水章邯。"⑧雨。《格物粗谈》："立夏、夏至日晕，主水。"⑨水生动植物。范成大："无力买田聊种水，近来湖面亦收租。"⑩五行之一。《春秋繁露》："天有五行：木、火、土、金、水是也。"⑪星名。a.太阳系九大行星最接近太阳的一颗。我国古代称"辰星"。b.定星，又称大水、营室。十二月黄昏正见于南方。⑫中医学上指肾。《灵枢经》："索脉于心，不得索之水，水者，肾也。"⑬古博局中间的横道。殷敬顺引《古博经》：博法，二人相对坐向局。局分为十二道，两头当中名为水。"⑭旧指尼姑和娼妓的痛苦生活境遇。冯惟敏："俺看那不还俗的僧尼们,几时能够出水呵!"《中国地方戏曲集成》："小女子情愿落水为妓,也不愿随那张客人前去!"⑮银子的成色。《镜花缘》："开钱店倒还有点油水,就只看银水眼力还平常。"⑯额外收入或附加费用。忧患余生："你一路上发的水还不够么?"又:梁启超:"汇水参差,券又南阁而北梗。"⑰量词。表示洗的次数的单位。如:这种布刚洗过两水就变了色。⑱方言。a.犹"不成功"、"败了"。如:我这个月水啦。b.喻产品质量差。如:水货。⑲方言。犹"不负责"、"马虎"。如:这个办事的太水了!⑳水族。我国少数民族之一,居住在贵州省。㉑姓。

沝　读音　zhuǐ
　　释义　二水。一说同"水"。

　　zǐ　滩碛相凑之处。长江自嘉州至荆门滩间有地名石桅沝、折(shé)桅沝。

淋　读音　shè
　　释义　同"涉"。

　　máng　义未详。

淼　读音　miǎo
　　释义　同"渺"。大水辽远无际貌。王维:"轻舟南垞去,北垞淼难即。"

189

水水水 读音 màn
释义 水大。郑采:"山岀岀兮水㵤㵤。"

予 读音 yǔ
释义 ①授予;给予。《诗》:"彼交匪纾,天子所予。"②赞许;称许。《管子》:"主盛处贤,而自予雄也。"③售;卖。《管子》:"岁适美,则市粜无予。"④代词。相当于"之"。班固:"昔卫叔之御昆兮,昆为寇而丧予。"⑤介词。同。《史记》:"诚使乡曲之侠,予季次、原宪比权量力,效功于当世,不同日而论矣。"⑥汉代乐名。《后汉书》:"有帝汉出,德洽作乐,名《予》。"

yú ⑦代词。我。李白:"予若洞庭叶,随波送逐臣。"

zhù 古帝王名。也作"杼"。

矛予 读音 xù
释义 [堪矛予]传说中的鱼名。《山海经》:"又南三百里,曰犲山,其上无草木,其下多水,其中多矛予之鱼。"

尹 读音 yǐn
释义 ①主管;治理。王夫之:"于是分国而为郡县,择人以尹之。"②古代官名。《红楼梦》:"贾雨村升了京兆府尹。"③诚。④进。⑤姓。

190

𡭶
　读音 xiǎo
　释义 义未详。

母
　读音 mǔ
　释义 ①母亲。《诗》："父兮母兮。"又：做母亲。《汉书》："欲以母天下。"②养育；哺育。《新五代史》："明宗后宫有生子者,命妃母之。"③家族或亲戚中的长辈女子。如：祖母；舅母。④老妇的通称。《史记》："有一母见信饥,饭信。"⑤禽兽雌性的或草木结实的。与"公"相对。《孟子》："五母鸡,二母彘。"⑥指能有所滋生的事物。如：酒母；字母。⑦根本；根源。孙中山："由之不贰,此所以为舆论之母也。"⑧古代称货币大的重的为母。与"子"相对。《国语》："则为作重币以行之,于是有母权子而行。"⑨用以经商或借贷的本钱。本钱叫母,利息叫子。顾炎武："故子钱所入,恒倍其母。"⑩指一凸一凹(或一大一小)配套的两件东西里的凹的(或大的)一件。如：螺丝母；子母扣。⑪数学名词。指基数或分数中的分母。阮元："小分奇余,并以百为母,入算省约。"⑫同"姆"。乳母或女师。《公羊传》："妇人夜出,不见傅母不下堂。"⑬方言。义同"婆"。《海上花列传》："随便耐讨几个大老母,小老母。"又鸡母也叫鸡婆。⑭通侮(wǔ)"。轻慢。《马王堆汉墓帛书》："行母而素敬,君弗得臣。"⑮通"拇"。

191

拇指,手脚的大指。⑯姓。

mú ①[淳母]熬饵。古代八珍食品之一。《礼记》:"煎醢加于黍食上,沃之以膏,曰母。"②用同"模"。模样。《西游记》:"孙悟空又拔了一根毫毛,依母儿做了,抛在他脸上。"

wǔ [婴(今作"婴")母]同"鸚鴟"。即"鸚鵡(今作"鸚鹉")"。

wú 同"毋"。

| 姆 | 读音 fán |
| | 释义 同"蹯"。 |

| 屖 | 读音 yùn |
| | 释义 同"孕"。 |

| 屖 | 读音 xī |
| | 释义 同"犀"。 |

| 矛 | 读音 máo |
| | 释义 ①一种直刺兵器。长柄,有刃。殷、周时期矛头用青铜制成,汉代以后盛行铁矛。《书》:"称尔戈,比尔干,立尔矛,予其誓。"②星名。又名招摇。③方言。虫名。可入药。段成式:"矛,蛇头鳖身:入水,缘树木。生岭南。南人谓之矛。"④姓。今陕西省有此姓。 |

矛 读音 máo
释义 同"矛"。

牟 读音 mǒu
释义 ①牛叫声。柳宗元:"牟然而鸣。"②超过;加倍。《招魂》:"成枭而牟。"③博大。《吕氏春秋》:"贤者之道,牟而难知。"④大麦。后作"麰"。《诗》:"贻我来牟。"⑤眼珠。后作"眸"。《荀子》:"尧舜参牟子。"⑥爱。⑦首。⑧长久。《韩敕造孔庙礼器碑》:"永享牟寿。"⑨通"蟊(máo 蝥、蝥)"。食苗根虫。引申为贪取、侵夺。《汉书》:"鱼夺百姓,侵牟万民。"⑩通"堥"。土釜。《礼记》:"敦、牟、卮、匜。"⑪通"侔"。等同。《汉书》:"德牟往初,功无与二。"⑫通"鍪"。头盔。《后汉书》:"皆令脱其故衣,更著岑牟单绞之服。"⑬用同"模(mú)"。模样。《敦煌变文集》:"每看恰似兽头牟。"⑭用同"矛(máo)"。古代兵器。《北史》:"或执持牟槊。"⑮春秋国名。在今山东省莱芜县东。⑯姓。

mào ①通"瞀"。昏暗。《太玄》:"为愚,为牟。"②古地名。故址在今河南省汤阴县境。

mù [牟平]县名。在山东省东部,北滨黄海,汉为东牟县,隋为牟平县。明、清为宁海州。一九一四年夏改为牟平县。

193

𨋒

读音 mú

释义 义未详。

糸

读音 mì

释义 ①细丝。《管子》:“君以织籍籍于糸。”②微小。③量词。丝的二分之一。④连。⑤幺。

sī 同“絲(今作“丝”)”。蚕丝。

絲

读音 sī(今作“丝”)

释义 ①蚕丝,制作丝绸绢帛等织物的原料。白居易:“一丈毯,千两丝。”②丝织物。《史记》:“高祖乃令贾人不得衣丝乘车。”③泛指纺纱织布。郭璞:“不蚕不丝,不稼不穑。”④泛指蚕丝形状的东西。如:铜丝、钢丝。⑤八音之一。指弦乐器。因其弦古代多以蚕丝为之,今亦以钢丝等为之,故称。李贺:“吴丝蜀桐张高秋,空山凝云颓不流。”⑥喻事物之细微。如:一丝不苟;丝毫不差。⑦细纹。如:红丝砚;乌丝栏;硬丝柴。⑧量词。一种计算长度、容量和重量的微小单位。千分之一分为一丝。《孙子算经》:“蚕吐丝为忽,十忽为一丝。”

𣥖

读音 sè

释义 同“澀(今作“涩”)”。

𧾷

读音 sè

释义 同“澀(今作“涩”)”。a. 不润滑;滞涩。

b.味苦;涩口。《大招》:"四酎并孰,不歰嗌只。"c.口吃或语言文字不流利,不通畅。东方朔:"言语讷歰兮,又无强辅。"d.不通畅;不调畅。洪迈:"雨歰风悭,双溪阒,几曾洋溢。"

shà 同"翣"。古代出殡时棺上的羽饰。郑司农:"周人之葬墙置歰。"

門　读音　mén(今作"门")

释义　①房屋或区域的可以开关的出入口。也专指门扇。如:房门;城门。②守门。《公羊传》:"勇士入其大门,则无人门焉者。"引申为镇守。苏轼:"会中山阙首,差择人门,卿庶几焉。"又:攻门。《左传》:"遂门于楚。"③祭祀名。④形状或作用像门的。如:炉门;闸门。特指人身的孔窍。如:产门;肛门。⑤方言。衣前对襟。如:门边;搭边(或达边)。⑥围棋术语。徐铉:"门,闭也。闭之使不得出曰门,隔一路曰行门,二路曰大门。"⑦门径;关键。如:法门;窍门。⑧家族;门第。如:寒门;门风。⑨家。皮日休:"异时,卒有不平者,至是皆门坑之。"⑩学派;宗派。《后汉书》:"中世儒门。贾、郑名学。"特指师门。白居易:"今我亦如此,愚蒙不及门。"也指旧社会封建迷信组织的帮派,如:清门;会道门。⑪类别。如:分门别类;五花八门。特指生物分类系统上所用的等级之一。如:原生动物门;脊椎动物门。⑫太平天国县与乡之间的行政区划单位。《太平天国史料》:"(某)省(某)郡(某)县(某)门(某)乡,距城(若干)里,以万二千五百家公举。"⑬南门星的省称。⑭量词。a.用于亲属、婚事、行业等。王安石:"一门骨肉散百草,安得无泪如黄河。"关汉卿:"一来去望妈儿,二来就题这门亲事。"杞忧子:"你竟在那个厂做的那一门工。"b.用于炮。如:一门大炮。c.用于功课、科学、技艺等。如:这门主课;几门手艺。⑮助词。相当于"么"。杞忧子:"闹了这门一件笑话。"⑯用在代词或指人的名词后面表示复数,后作"们"。岳珂:"我门生人如死人,老子不作一件事。"又作词尾(不表复数)。佚名:"亚爹孩儿全没,老来惟凭着你门一个。"⑰姓。

| 閒 | 读音 | bāo |
| | 释义 | 同"褒"。赞美。 |

| 門門門 | 读音 | huō |
| | 释义 | 义未详。 |

| 門門門門 | 读音 | dàng |
| | 释义 | 义未详。 |

| 隶 | 读音 | dài |
| | 释义 | ①追上;捕获。后作"逮"。郑观应:"白 |

人来中华，岂容无邪慝。犯罪隶回国，按律究不得。”②本。③与。

yì 树木再生的嫩条。引申为余。也作“**肄**”

dì 狐子。

lì “隸”的简化字。

⿰隶隶 **读音** sì

释义 同“貄”。①豕声。②鼠名。

帚 **读音** zhǒu

释义 ①扫帚。柳宗元：“旁罗万金，不鬻弊帚。”②扫除秽土。

⿰帚帚 **读音** cì

释义 义未详。按：此字甲骨文用作真人名。

飛（今作“飞”） **读音** fēi

释义 ①鸟在空中拍翅行动。毛泽东：“天高云淡，望断南飞雁。”也泛指他物在空中飞翔。鲁迅：“几个花脚蚊子在下面哼着飞舞。”②禽鸟和有翅的小虫。《素问》：“其主飞蠹蛆雉。”③物体在空中飘落或流动。如：飞雪；飞砂走石。④非常迅速。如：飞舟；飞奔。⑤奔驰的马。《汉书》：“今陛下骋六飞，驰不测山。”⑥突然的；意外的。《后汉书》：“若卒遇飞祸，无得殡敛。”⑦无根据的。如：流言飞语（今多作“流言蜚语"）。⑧高。如：飞楼；飞桥。⑨上扬。田间："桌子上有一张画,他看得神采飞扬。"⑩向上翘或往上升。如：飞檐。⑪书法用语,指"飞白"。窦蒙："若灭若没曰飞。"⑫漂洗。《红楼梦》："这些颜色,咱们淘澄飞跌着,又玩了,又使了,包你一辈子都够使了。"⑬副词。表示程度,相当于"很"、"极"。如：飞快；飞红。⑭通"斐(fěi)"。有文采。⑮通"非"。不是。《孔耽碑》："天授之性,飞其学也。"

飛飛 **读音** fēi
释义 义未详。

眞 (今作"真")

读音 zhēn
释义 ①道家称"修真得道"或"成仙"的人。《庄子》："夫免乎外内之刑者,唯真人能之。"②淳。张祜："发匣琴徽静,开瓶酒味真。"③本来的,固有的。苏轼："不识庐山真面目,只缘身在此山中。"④本原;本性。《庄子》："谨守而勿失,是谓反其真。"⑤真实。《史记》："大丈夫定诸侯,即为真王耳,何以假为?"⑥真诚,诚实。李白："偶与真意并,顿觉世情薄。"⑦正。《文明小史》："好容易做成两个题目,恭楷誊真,双手呈与府台。"⑧身。《庄子》："见利而忘其真。"⑨肖像;摩画的人像。《颜氏家训》："武烈太子偏能写真,坐上宾客,随意点染,即成数人,以问童孺,皆知姓名矣。"⑩古代以实授官职为真。《汉书》:"赐天下民爵一级,吏在位二百石以上,一切满秩如真。"又:称某些任官职的人。《南齐书》:"(国中呼)曹局文书吏为比德真,带仗人为胡洛真,通事人为乞万真,守门人为可簿真。"⑪汉字楷书的别称。《续资治通鉴》:"帝亲书其文,作真、行、草三体。"⑫真切,清楚。林则徐:"所见未真,可待从容察看。"⑬古州名。⑭通"塦(tiān,今作"填")"。⑮姓。

齻(真頁)

读音　diān
释义　同"顚(今作"颠")"。

巢

读音　cháo
释义　①鸟窝。《易》:"鸟焚其巢。"也指其他动物的窠穴。《汉书》:"长安城南有鼠衔黄蒿、柏叶,上民冢柏及榆树上为巢。"②简陋的住处。《风俗通》:"尧遭洪水,万民皆山栖巢居。"又指盗贼或敌人盘踞的地方。《新唐书》:"不数月必覆贼巢。"③做窝;营造鸟窝式的居所。《礼记》:"雁北乡,鹊始巢。"④栖息;居住。《庄子》:"鹪鹩巢于深林。"⑤高。⑥古乐器名,大笙。《新唐书》:"七曰匏,为笙,为竽,为巢。"⑦古国名。殷周时的诸侯国,春秋时为吴所灭。今安徽省巢县东北五里有居巢城,即其旧址。⑧古地名。春秋卫地,在今河南省睢县。⑨湖名。在安徽省中部,位于长江之北。原为巢县地,后陷为湖。周四百余里,港汊大小三百六十,纳诸水而入长江。也作"漅湖",又名焦湖。⑩人名。a.巢父的简称。b.有巢氏的简称。⑪姓。

chào　栈阁。

巢巢
读音　jiǎo
释义　义未详。

录
读音　lù
释义　同"录"。今为"録"的简化字。

祿
读音　sì
释义　同"肆"。

刁
读音　diāo
释义　①狡猾。②姓。

孖
读音　lí
释义　同"劦"。

卩(巳)
读音　jié
释义　同"节"。

卯(卯)
读音　zhuàn
释义　同"顚"。

昆
读音　jì
释义　义未详。

卩(卪)
读音 jié
释义 同"节"。

卯
读音 zhuàn
释义 同"顓"。

弓
读音 dàn(tán)
释义 同"弹"。

弜
读音 zhuàn
释义 同"卯"。

弓
读音 dàn(tán)
释义 同"弹"。

弱
读音 ruò
释义 同"弱"。

弓
读音 zhóu
释义 量词,卷。

弱
读音 ruò
释义 同"弱"。

巴
读音 bā
释义 ①[巴蛇]古代传说的一种大蛇。②贴近;靠近。③粘着;附着。④盼望;期望。⑤量词,压强(单位面积上所承受的压力)单位。⑥姓。

𨙻　读音　zhuàn
　　释义　同"阺"。

也　读音　yě
　　释义　①同样。②语气词,用在句末,表示判断、肯定等。③用在句中表示停顿或舒缓语气。④姓。

𠃉　读音　mí
　　释义　同"𠃌"。

𢁥　读音　yì
　　释义　同"希"。

𢁦　读音　sì
　　释义　同"𣤠"。

《　读音　kuài
　　释义　同"浍",田间水沟。

巜　读音　lì
　　释义　义未详。

(二)字典中标明的2,778个古今中华姓氏:

一、单姓字

A

ā　āi　ái　ái　ǎi　ǎi　ài　ài　ān　án　àn　àn　àn　àn　àng　àng　áo　ào
啊　哀　獃　敱　蔼　猗　艾　爱　安　䧗　按　岸　嵃　犴　盎　䀒　敖　奥

B

bā bā bā bā bā bā bā bá bá bá bǎ bà bái bǎi bài bān bān bān bǎn
捌 芭 侬 仈 八 疤 巴 菝 拔 跋 把 霸 白 柏 败 斑 班 般 板

bàn bāng bàng bāo bāo bāo bāo báo bǎo bǎo bǎo bǎo bào bào bào bào bào bào bēi bēi bēi
伴 邦 骉 苞 包 郞 褒 薄 葆 保 饱 宝 抱 暴 鲍 豹 虣 夐 杯 栝 夐

bēi bēi bēi bēi (bì) bèi bèi bèi bèi bèi bèi bèi bèi bēn(féi) bēn běn běn bēng
悲 背 卑 庳 　 北 孛 贲 萜 埄 邶 备 悖 被 　 贲 　 奔 本 庰 崩

bèng bèng bèng bī bí bǐ bǐ bǐ bì bì bì bì bì bì bì bì bì
偝 璜 蹦 ① 偪 鼻 比 鄙 娝 碧 蓽 荜 薜 毕 𡕥 圂 佛 飚 箄 盼 闭

bì bì bì bì bì bì biān biān biǎn biǎn biǎn biǎn biàn biàn biàn biàn biàn biāo biāo
必 邲 敝 弊 辟 壁 编 边 扁 鳊 鶣 党 便 卞 变 辨 弁 邶 彪 麃

biǎo bié bīn bīn bīn bīn bīn bīng bīng bǐng bǐng bǐng bìng bō bō bó bó bó bó bó
表 别 彬 豳 邠 滨 宾 并 冰 丙 邴 秉 並 播 波 博 苩 勃 椨 伯

bó bó bó bó bǔ bǔ bǔ bù bù bù
帛 钹 亳 渤 捕 卜 补 布 步 部

C

cái cái cái cǎi cài cān càn càn cāng cāng cáng cāo cáo cáo cǎo cào cè cè
才 材 财 采 蔡 骖 璨 粲 苍 仓 藏 操 ② 曹 漕 草 鄵 侧 策

cè cén cí cí cí cì cì cì cì cì cōng cóng cóng cóng cù cù cuàn cuī cuì cuì
册 岑 茨 辞 慈 束 刺 赐 佽 次 枞 琮 从 丛 醋 鐰 爨 崔 翠 毳

cuō cūn cún cǔn cùn cuò cuò chá chá chá chá chá chá chā chán chán chán chǎn chāng
蹉 村 存 忖 寸 厝 错 查 楂 茬 惉 茶 察 差 镡 缠 猭 产 昌

chāng cháng cháng cháng cháng cháng chǎng chàng chàng chāo chāo chāo cháo cháo cháo
苌 长 尝 常 偿 裶 昶 唱 畅 超 抄 钞 鼂 晁 巢

chē chè chè chè chēn chén chén chén chén chén chén chén chéng chéng chéng chéng chéng
车 𪊒 彻 諙 郴 臣 苲 辰 郕 尘 谌 陈 蒆 城 枨 呈 成

chéng chéng chéng chéng chéng chéng chéng chèng chí chí chí chi (shi) chí chí chí chí
郕 程 裎 乘 丞 承 庱 称 莉 持 提 匙 　 蚔 池 迟 迡

chí chí chí chǐ chì chì chì chōng chōng chóng chóng chǒng chōu chóu chóu
蚩 驰 絺 廼 赤 敕 卤 充 冲 (沖) 虫 崇 宠 攀 畴 稠

chóu chǒu chǒu chǒu chǒu chǒu chòu chū chū chū chū (zhù、chú) chú chú chú chǔ chǔ chǔ
雠 俞 剑 媿 丑 犨 鄒 樗 摴 初 助 刍 厨 除 楮 楚 储

chǔ chù chù chù chù chuāi chuán chuán chuàn chuī chún chuò cuì
褚 处 亍 触 鄐 揣 掾 歂 钏 吹 淳 婼 毳

D

dā dá dá dá dǎ dà dài dài dài dài dài dài dān dān dān dān dǎn dǎn dǎn
搭 荅 达 笪 打 大 戴 带 甍 代 贷 逮 聃 儋 丹 郸 丼 胆 亶

dàn dàn dàn dàn dàn dāng dǎng dàng dàng dàng dàng dàng dāo dǎo dǎo dào dào (shòu)
旦 啖 噉 澹 淡 当 党 荡 砀 菪 宕 盪 刀 岛 导 到 受

dào dào dào dào dé dēng dèng dèng dī dī dī dí dí dí dí dí(dǐ) dǐ dǐ dǐ dì
受 受 稻 道 德 登 苳 邓 衣 鞮 隄 荻 迪 籴 狄 翟 敌 邸 底 地

dì dì dì dì dì diān diān diān diǎn diǎn diàn diāo diāo diāo diào diào diào diào dié dié
棣 奃 第 遆 弟 颠 滇 心 点 典 殿 鵰 貂 凋 枭 掉 钓 訋 蹀 迭

dié dīng dǐng dìng dōng dōng dōng dǒng dǒng dǒng dǒng dòng dòng dòng dōu dǒu dǒu dǒu
牒 丁 鼎 定 东 侗 冬 董 蕫 箽 籦 动 栋 洞 兜 芉 鈄 鏠

dǒu dū dú (dài) dú dǔ dǔ dǔ dǔ dù duì duì duān duǎn duàn duàn dūn duō duō
斗 都 毒③ 犊 堵 覩 睹 笃 杜 袬 祋 端 短 段 叚 敦 掇 多

duó duó dǒu dǒu duó duǒ duò
夺 铎 芉 鈄 敚 朵 柁

E

ē ē ē (ě) é é é é é ě è è è ēn ér ér ér ér ér
阿 娿 妸 蛾 佮 鹅 蝁 娥 婴 遏 鄂 姶 恩 耏 陑 髵 儿 袻

ěr ěr èr
耳 尔 贰

F

fā fá fà fān fān fán fán fán fán fán fàn fàn fàn fàn fǎn fāng fāng fáng fáng
发 伐 髮 藩 番 翻 翻 樊 凡 氾 梵 范 贩 汎 反 芳 方 坊 鲂

fáng fáng fǎng fǎng (fàng) fǎng fēi fēi fěi féi féi féi fèi fèi fēn fēn fěn
房 防 昉 放 访 非 斐 斐 贲 肥 䒈(𦬹) 芾 费 分 纷 粉

fèn　fēng　fēngfēng　fēng　fēng（fèng）　féng　féngféng　féng　féngféngféng　féngfèng　fōu　fōu　fū　fū
奋　封　酆　丰　峯　风　　俸　偑　逢　凨　凬　冯　渢　奉　凤　不　敷　廓

fú　fú　fú　fú　fú　fú　fú　fú　fú　fú　fú　fú　fú　fú　fú(mì)　fú　fú　fú　fŭ　fŭ
巷　巷　**巷**　苻　扶　虙　黻　幅　伏　符　孚　浮　涪　澓　宓　福　弗　郙　甫　辅

fŭ　fŭ　fù　fù　fù　fù　fù　fù　fù
釜　府　副　蝮　阜　復　父　猼　富

G

gāi　gǎi　gài　gài　gài　　gān　gān　gǎn　gǎn　gǎn　gàn　gàn　gāng　gāng　gāo　gāo　（gū）
该　改　丐　鄐　槩（概）　干　甘　婰　澉　敢　赣　淦　刚　亢　傃　皋④

gāo　　gāo　gāo　gāo　gào　gào　gē　gē　gē（gě）　gē　gé　gé　gé　gé　gé　gé　gé　gé
峇（皋）　羔　高　杲　告　郜　歌　戈　葛　阁　格　革　鄑　盖　鬲　颌　郏　箇

gèn　gèn　gēng　gēng　gěng　gěng　gōng　gōng　gōng　gōng　gōng　gōng　gōng　gōng　gōng　gōng　gǒng　gǒng
艮　更　庚　赓　梗　耿　工　攻　功　恭　邲　碽　龚　谷　江　巩　拱

gōng　gōng　gǒng　gòng　gòng　gòng　gōu　gōu　gōu　gōu　gōu　gǒu　gǒu　gǒu　gòu　gǔ　gǔ　gǔ　gǔ
宫　龚　躬　共　贡　供　句　勾　钩　缑　絇　苟　芶　狗　诟　轱　辜　姑　孤

gú　gǔ　gǔ　gǔ　gǔ　gǔ　gǔ　gǔ　gù　gù　gù　　guā　guā　guǎn　guǎn　guǎn　guǎn　guàn
骨　鼓　縠　古　辝　股　谷　汩　故　固　顾（庈）　瓜　騧　琯　管　莞　关　冠

guǎn　guàn　guàn　guǎn　guǎng　guǐ　guī　guī　guī　guī　guī　guī　guī　guǐ　guǐ　guǐ　guǐ　guì
筦　灌　卝　观　广　圭　邽　蔄　归　傀　洼　嫣　癸　鬼　诡　癸　昚（香）

guì　guì　guì　guì　guì　guì　（qiáo）　guì　guì　guì　gǔn　guō　guō　guō　guō　guō　guó　guó　guǒ
桂　贵　炅　馘　蹶　跪（乔）　鐀　炔　娃　滚　过　呙　郭　涡　過　国　虢　果

H

hǎ　hái　hǎi　hài　hán　hán　hán　hán　hán　hán（xuān）　hǎn　hàn　hàn　hàn　hàn　hàn
哈　孩　海　亥　邗　邯　韩　含　汗　寒　轩　　罕　翰　撖　斁　僆　汉

háng　hāo　háo　háo　hǎo　hǎo　hǎo　hào　hào　hào　hào　hào　hào　hào　hào　hào　hào　hào　hé　hé
杭　蒿　豪　毫　郝　好　敋　耗　昊　颢　号　耗　皓　皞　鎬　浩　嫶　嫊　敆　盍　禾

hé　hé　hé（hè）　hé　hé　hé　hé　gé　hè　hóng　hóng　hóng　hóng　hóng　hóng　hóu
和　何　佫　　合　郃　谷　闔　河　纥　隚　鹤　阂　洪　鸿　宏　弘　红　侯

hóu　hòu　hòu　hòu　hòu　hòu　hū　hū　hè　hè　hè　hēi　hēi　hēng　héng　héng　héng　hōng　hóng
猴　堠　候　厚　后　郈　輑　㸏　崖　赫　褐　贺　黑　夜　亨　横　衡　恒　訇　邟

hū hū hū hū hū hū hū hū hú hú hú hú hú hú hú　(lěng) hú hǔ hǔ hù

轷 雽 嘑 嘑 呼 滹 謼 忽 胡 壶 瓡 鹕 斛 狐 觳⑤　　湖 琥 虎 郓

hù hù hù hù huā huá huà huà huà huà huái huái huái huán huān huān huān huān huān

鄠 互 户 扈 花 滑 画 化 华 䤥 槐 淮 怀 桓 萑 曤 还 謹 隳

huān huán huǎn huǎn huàn huàn huàn huāng huáng huǎng huǎng huī huī huí huǐ huì huì

萑 郇 㬉 缓 患 奂 宦 荒 黄 汻 晃 豗 徽 回 烠 卉 惠

huì hūn hún hùn hùn huǒ huò huò huò huò huò

会 阍 偅 圂 昏 火 获 霍 货 濩 豁

J

jī jī jī jī　jī jī jī jī jī jī　jī jī jī jī jī(jì) jī　jī jī

丌 基 机 嵇⑥ 鄿 羁 几 嵇 稽 饥 饑 箕 齎 齐 激 姞 姬 鸡

jī jī jí jí jí jí　jí jí jí jí jí jí jí jī jī jī jī jī

畿 吉 极 棘 藉 糌 戢 佶 伋 籍 急 及 疾 瘠 汲 即 己 改 给 纪 郯

jì jì jì jì jì jì jì jì jì jì jiā jiā jiā jiā jiā jiā jiā jiā

蓟 蘮 冀 稷 季 郅 齐 计 济 忌 既 暨 骑 嘉 葭 挟 佳 伽 家 加 笴

jiá jiá jiá jiá jiá jiá jiǎ jiǎ jiǎ jiǎ jiǎ jià jiān jiān (qiān) jiān jiān jiān (qiān)

夹 荚 颊 鹈 郏 轧 贾 甲 假 很 椵 叚 驾 菅 开　　营 坚 箋

jiān jiān jiān jiān jiān jiǎn jiǎn jiǎn jiǎn jiǎn jiǎn jiǎn jiǎn jiǎn jiàn jiàn jiàn jiàn jiàn jiàn

肩 间 闲 兼 奸 检 咸 俭 简 减 翦 謇 蹇 荐 监 贱 见 健 鑑 (鉴)

jiàn jiàn jiāng jiāng jiāng jiāng jiāng jiàng jiàng jiāo jiāo jiāo jiāo jiāo jiāo jiǎo (qiáo)

谏 建 江 姜 将 疆 蒋 匠 降 绛 教 椒 焦 敫 胶 郊 浇 蛲

jiǎo jiǎo (yáo、jiāo) jiǎo jiǎo jiǎo jiǎo jiē jiē jiē jiē jié jié jié jié jié jié jié jiè

佼 侥　　皎 曒 角 绞 揭 接 街 皆 节 捷 桀 竭 洁 孑 结 戒

jiè jīn jīn jīn jīn jǐn jìn jìn jìn jìn jīng jīng jīng jīng jīng jǐng jǐng jìng jìng

介 金 今 筋 锦 谨 晋 进 禁 靳 近 尽 荆 京 旌 精 经 井 景 靓 静

jìng jìng jìng jìng jiǒng jiǒng jiǒng　　jiū jiū jiū jiū jiū jiū jiū jiū jiū jiū

敬 镜 靖 竟 乔 裘 迥 (迥) 樛 穆 鸠 纠 玖 殑 九 久 灸 雎 酒

jiǔ jiù jiù jiù jiù jiù　　jū jū jū jū jū jū jū jū jú jú

緅 救 旧 臼 舅 厩 (厩) 琚 鞠⑦ 鞠 鞫 苴 禾 雎 居 驹 鞠 菊 郰

jú jú jú jú jǔ jǔ jǔ jǔ jǔ jǔ jǔ jǔ jù jù jù jù jù jù jù
郹 肕 局 梮 莒 萬 挶 筥 腒 举 沮 嫭 巨 惧 据 曜 具 俱 瞿 钜 剧

jù juān juàn juàn 　 juàn juē juē juē jué jué jué jué jué jué jué jūn jūn
姖 涓 鄄 隽 （雟） 眷 屬 睊 睮 厥 矍 蹻 臽 爵 角 般 觉 钧 军

jūn jùn jùn jùn
君 菌 俊 郡

K

kāi kǎi kǎi kān kān kǎn kàn kàn kàn kāng kàng kàng kàng kàng kǎo kào kē kē
开 楷 凯 勘 堪 坎 看 衎 阚 康 抗 仉 亢 邟 考 冔 柯 苛

kē kē kě kě kě kè kè kè kēng kēng kōu kǒu kòu kōng kǒng kǔ kù kuā kuǎi kuǎi
轲 科 可 菏 渴 悫 恪 客 坑 阬 彄 口 寇 空 孔 苦 库 夸 郐 蒯

kuài kuài kuài kuài kuài kuān kuāng kuáng kuàng kuàng 　 kuàng 　 kuī kuí
蒉 殨 哙 佮 邝 快 宽 匡 狂 旷 鄺 （圹） 况 （况） 阚 葵

kuí kuí kuǐ kuǐ kuǐ kuǐ kuì kuì kuì kuì kūn kǔn kuò kuò(guā)
夔 奎 鲑 傀 逵 隗 匮 稛 鲲 馈 昆 阃 适 适

L

là là lái lái lái lài lán lán lán lán lán lǎn láng láng láng lǎng lǎng làng làng
剌 腊 赉 莱 郲 赖 蓝 蘫 蘭 阑 兰 览 琅 稂 狼 眼 朗 阆 浪

láo láo lǎo lào lè lè lè lè lè (yuè) léi léi léi lěi lěi lèi lèi lěng lī lí
劳 牢 老 嫪 勒 欣 破 㼿 乐 　 雷 纍 嫘 垒 儽 累 类 冷 孋 莉

lí lí lí 　 lí lí lí lí lí lǐ lǐ lǐ lǐ lǐ lǐ lì lì lì lì lì
藜 黎 犁 （犂） 狸 离 刕 骊 孋 理 李 里 澧 礼 丽 郦 吏 厉 励 郎

lì lì lì lì lì lì lì lì lì lì lián lián 　 lián lián liǎn liàn liàn liàn liáng
历 鄌 枥 利 黎 例 立 戾 力 隶 连 聯 （联） 廉 濂 敛 蔹 恋 练 茛

liáng liáng liáng liáng liàng liàng liáo liáo liǎo liáo liáo liáo liáo liáo liè liè liè liè
量 良 凉 梁 亮 谅 雡 聊 蓼 尞 寮 辽 廖 繆 列 烈 巁 猎 獦

lèi lín lín lín lín lín lín lín lín líng líng 　 líng líng líng líng líng líng
欣 林 蔺 临 鳞 潾 遴 廪 亝 零 霝 （零） 酃 霛 囹 伶 泠 凌 冷 灵

líng lìng lìng liú liú liú liú liú liú liù liù lóng lóng lóng lóng lǒng lóu lóu lóu lóu lòu
陵 另 令 摎 廖 镏 留 鹠 柳 飀 六 龙 駦 鸗 隆 陇 楼 蒌 偻 娄 镂

207

lòu lòu lú lú lú lú lú lú lǔ lǔ lù lù lù lù lù lù lù lù lù lù
漏 陋 芦 卢 鑪 炉 庐 璐 卤 鲁 奎 露 路 甪 鹿 潞 渌 禄 录 逯 陆

luán luán luán lún lún lún lùn luó luò luò luò luò luò luò luò lú lǔ lú lǔ lǚ lǚ
栾 鸾 孿 轮 伦 纶 论 罗 落 雒 椤 洛 泺 骆 络 蘆 闾 驴 吕 褛 旅

lǚ lǚ lǚ lǚ lǚ lǜ lüè
酓 偻 履 虑 鑢 律 略

M

má mǎ mà mǎi mài mài mài mài (mí nài) mán mán mǎn màn màn màn mān mān
麻 马 伪 买 麦 迈 卖 俹 瞒 蛮 满 蔓 蔄 曼 鄢 嫚

máng máng máng máng máng máng mǎng mǎng mǎo máo máo máo mǎo mǎo
(嫚) 芒 茫 厖 笀 邙 忙 莽 駹 猫 茅 髦 毛 茆 卯

mào mào mào mào mào mào mào mào méi méi mèi mí mí mǐ mǐ mǐ mǐ mì mì
茂 懋 鄚 冒 貌 贸 鄝 瞀 枚 梅 彔 縻 麋 芈 米 靡 弭 宓 密

mì(bì) mián mián miǎn miǎn miǎn miáo miǎo miǎo miào miào mì(mǐ) mín mín mín mín mǐn
祕 眠 緜 免 勉 缅 苗 邈 缈 妙 缪 咩 旻 音 民 缗 敏

mǐn míng míng míng míng míng míng miù mò mò mò mò mò mò mò mò mò móu móu
闽 茗 鸣 明 暝 名 冥 谬 末 莫 墨 默 秣 沐 沫 没 陌 侔 谋

móu mǔ mù mù mù mù mù mù mù mù
牟 母 木 暮 慕 募 目 睦 牧 穆

N

nà(nuó) nà nǎi nài nài nán nán nán nán nǎn nào náng náng nǎng nǎo nǎo nǎo
那 纳 廼 奈 能 南 男 拿 难 湳 浇 囊 涳 曩 傸 偓 偪

nǎo nèi ní ní ní ní ní ní nì nì nián nián niàn niǎo niè niè niè niè niè níng
铙 挼 霓 儿 郳 倪 泥 尼 迡 伙 溺 年 粘 念 鸟 聂 蘖 蘗 捏 孼 宁

nìng nóng nóng niū niú niǔ niǔ niǔ nòu nòu nòu nú nǔ
(宁) 甯 侬 农 妞 牛 钮 邔 纽 耨 獳 郍 奴 絮

O

ōu ōu ōu ōu ōu ōu ōu ǒu ǒu
碷 区 瓯 欧 殴 鸥 讴 耦 偶

208

P

pá pá pà pān pān pān pān pán pán pán pán páng páng páng páng páng
杷爬怕萠番藩潘盘槃鞶泮龙(庞)傍夆逢逄

pāo páo páo páo páo péi péi péi péi péi pěi pèi pèi pén péng péng
萢鞄匏麃炮蓜(裴)棓榃掊脴邶佩沛盆(瓫)芃蓬

péng péng péng péng péng pěng pī pī pī pí pí pí pí pí piān piān piān
彭朋倗傰韸崩丕(丕)邳伾蕃毗郫皮裨偏篇便

pián piáo (pu) piáo piáo pín pǐn píng píng píng píng píng pó pó pó pǒ páng pǒu pú pú
骈朴 瓢骠频品平凭瓶郱评鲧繁番颇庞部璞莆

pú pú pú pǔ pǔ pǔ pǔ
蒲仆濮圃浦溥普

Q

qī qī qī qī qī qī(qì) qī qī qī qí qí qí qí qí qí qí qí qí qí
期桼戚七郪器漆柒娸亓丌耆其綦郊奇歧岐畦

qí qí qí qí qí qí qí qí qí qǐ qǐ qǐ qǐ qǐ qǐ qǐ qǐ qì qì qì qì
颀锜旗祈祈祁骐骑綥起杞乞企启啓已绮䎢𪡏盵𥊕

qì qì qiān qiān qiān qiān qiān qiān qiān qiān qiān qián qián qián qián qián qián qián qián qiǎn
脊佉杄牵千迁佥搴骞谦阡乾虔黔钱钳鍼潜前浅

qiǎn qiàn qiàn qiāng qiāng qiáng qiāo qiáo qiáo qiáo qiáo qiáo qiáo qiáo qiè qiè qiè
遣蒨倩枪羌强(彊)鄡桥墧嘺乔侨谯潐趄乩郄

qiě qīn qīn qīn qín qín qín qín qín qín qǐn qìn qīng qīng qīng qīng qīng qiū qiū qiū
且侵钦亲琴秦勤懃覃禽寝沁青轻顷卿清秋邱湫

qiú qiú qiú qiú qiú qiú qiú qiǔ qióng qū qū qū qū qū qú qú qú qú qú qú
求盚裘虬仇酋遒糗邛区麴麯曲屈璩璩蘧瞿衢朐⑨

qú qú qú qǔ qù (qū、cù、cǒu、zōu) quán quán quán quán quàn què què què
燿渠絇取趣(掫) 泉全铨拳劝鹊(舃)傕闕

R

rán rán rǎn rǎn rǎn rǎn ráng ráng rǎng ràng ráo rǎo rè rè rén rén rén rén
然燃苒剡⑩冉染駬穰鄽壤让饶绕热偌壬仁任妊

rén rēng réng rì rōng róng róng róng róng róng róu róu rú rú rú rú rú rú rǔ rǔ
人 扔 仍 日 融 茙 荣 戎 肜 容 雒 柔 茹 儒 如 挐 孺 女 辱 鄏

rǔ rù rù ruǎn ruǎn ruì ruì ruì ruì rùn ruò ruò
汝 蓐 褥 软 阮 瑞 芮 锐 兑 闰 若 郡

S

sǎ sǎ sà sāi (sè) sɑi sān sǎn sǎn sāng sāng sè sēn sēn sī sī sī sī
撒 洒 萨 塞 赛 三 散 伞 丧 桑 蔷 森 僧 斯 思 私 恖

sī sī sì sì sì sì shì sí sì sì sì sōng sōng sōng sōng sōng sòng
司 死 寺 肆 四 嗣 似 (侣) 俟 祀 驷 駧 松 嵩 徕 祕 娀 颂

sòng sōu sū sū sù sù sù sù sù sù sù sù sù sù sù sù suàn suàn suī
宋 鳋 苏 玊 璛 塛 素 蔌 粟 速 僳 夙 凰 凰 宿 觫 肃 筭 笇 眭

suī suí suí shù suì suì suì suì sūn suō suǒ suǒ suǒ suǒ suǒ suò shā shā shà shān
睢 隋 随 术 岁 穗 遂 邃 孙 缩 琐 索 荵 所 锁 岁 沙 刹 旯 苫

shān shān shān shān shǎn shǎn shǎn shǎn shǎn shàn shàn shàn shàn shàn shàn shàn
山 邖 钐 姗 彭 谷 谷 闪 陕 菩 赡 善 鄯 菶 单 (單、

shàn shāng shāng shǎng (shàng) shàng shàng shāo sháo sháo shǎo (shào) shào
箪) 扇 伤 商 赏 上 尚 稍 勺 韶 少 召

shào shào shē shē shé shé shé shé shé shé shè shě shě shè shè shè shè shè
邵 绍 奢 畬 (畲) 蛇 蛇 舌 佘 涂 荼 厍 捨 舍 赦 摄 射 涉 社

shè cuì shēn shēn shēn shēn shēn shēn shēn shēn shēn shēn shēn (xiān)
设 萃 (彇) 莘 申 曑 (参) 身 侁 伸 侁 䤲 深 窊 姺

shén shén shěn shěn shěn shèn shèn shèn shēng shēng shēng shēng shēng shéng shěng
什 神 嘾 沈 邥 笉 睿 慎 声 生 甥 昇 升 绳 省

shěng shèng shèng shèng shèng shǐ shǐ shǐ shǐ shǐ shǐ shǐ shǐ shí shí shí(tí) shí shí
渻 槵 盛 胜 圣 十 邿 葹 㿦 蒒 施 诗 尸 示 石 提 拾 时

shí shí shí shí shǐ shǐ shǐ shǐ shì shì shì shì shì shì shì shì shì shì shì shì shì
食 寔 实 识 史 矢 使 始 式 士 世 事 奭 势 是 适 仕 侍 释 氏 市

shì shì shì shǒu shǒu shǒu shǒu shòu shòu shòu shū shū shū shū shū shū shū shū shū
室 试 视 收 守 亨 首 寿 授 鰲 枢 摅 输 叔 舒 殳 姃 陈 疏

shū shú shú shú shú shǔ shǔ shú shǔ shǔ shù shù shù shù　　shù shù shù shù shù shù

书 赎 赎 裁 赎 赵 儵 署 蜀 尌 术 述 樹（树）束 拺 庲 成 竪 庶

shù shuǎ shuài shuài shuāng shuǎng shuí（shéi）shuǐ shuǐ shuō（shuì、yuè、tuō）shùn shùn

恕 耍 帅 率 霜 爽 谁　　水 税 说　　　　顺 舜

shuò shuò shuò

硕 朔 妁

T

tā tā tǎ tà tà tà tà tāi（hāi）tāi（tái、dài、zhài）tái tái tái tài tài

它 褟 塔 榻 踏 褟 沓 咍　　驼　　　　儓 台 邰 泰 太

tán tán tán tán tán（chán、xín）tán dàn（dān、shàn、tán）tán tán tǎn tàn tàn tāng táng

鄲 檀 昙 僋 镡　　潭 澹　　　　郯 谈 坦 歎 炭 汤 堂

táng tǎng táo táo tè téng téng téng téng tī tí tí tí tǐ tì tì tiān tián（tun）tián

唐 傥 桃 陶 特 藤 薅 滕 腾 梯 题 蹄 逷 体 替 惕 天 吞　　田

tiáo tiáo tiē tiě tíng tíng tíng tōng　tōng tóng tóng tóng tóng tóng tóng tóng tóng tóng tóng tóng

条 筈 帖 铁 廷 庭 陡 栙⑪ 通 桐 同 蚵 佟 僮 仝 铜 彤 童 鄟

tóng tǒng tòng tōu tóu tóu tóu tǒu tù tú tú　　tú tú tǔ tù tuán tuí tuí

蓪 统 痛 鍮 投 骰 头 钭 秃 徒 涂（涂）屠 土 吐 兔 团 颓 魋

tuì（tuó）tuì tún tún tuó tuǒ tà（zhí、tuò）

脱　退 屯 豚 佗 庹 拓

W

wā wǎ wāi（hé、wǒ、wō、guǎ、guō）wán wán wǎn wǎn wǎn wǎn wǎn wǎn wàn wàn

娲 瓦 呙　　　　　　丸 完 鄍 晚 皖 浣 宛 娩 万 鼗

wàn wāng wáng wáng wǎng wǎng wàng wàng wàng wēi wēi wēi（wèi）wēi wēi

（鼗）夋 汪 王 罔 枉 妄 旺 望 朢 霺 威 畏　　微 危

wēi wéi⑫ wéi wéi wéi wéi wéi wéi wéi wěi wěi wěi wěi kuí wěi wěi wèi wèi wèi

烓 韦 围 嵬 鄬 惟 维 逶 蓮 蒍 伟 委 闱 寪 寪 隗 尾 屍 未 蔚 魏

wèi wèi wèi wèi wēn wén wén wén wèn wēng wèng wèng wō wò wò wò wō

位 谓 为 卫 慰 温 文 闻 汶 问 翁 瓮 甕 蜗 我 斡 偓 沃 巫

wú wú wú wú wú wú wú wú wú wú wú wú wú wú wú wú wǔ wǔ wǔ wǔ wǔ

蕪 乌 邬 无 梧 芜 萛 霂 庅 吾 郚 吴 毋 鼯 浯 毋 武 五 午 伍 仵

211

wǔ wǔ wù wù wù wù wù wù wù
连 舞 兀 机 扤 物 务 悟 屋

X

xī xī xī xī xī xī xī xī xī xī xī xī xī xī xī xī xī xī
西 罤 昔 熙 析 瞦 巂 酅 稀 僖 傒 息 奚 希 郗 豨 锡 悉 邻

xī xī xí xí xí xí xī xī xī xì xì xì xì xì xì xiá xiá xiá
溪 羲 袭 席 习 隰 喜 玺 僖 係（系） 邵 郄 恵 戏 细 犀 瑕 叚 瘕

xià xià xiān xiān xiān xiān xiān xián xián xián xián xián xián xián xián xián xiǎn xiǎn
苄 夏 枮 先 仙 铦 巳 玹 咸 贤 晘 瞷 晌 伭 弦 显（顯） 彡 铣

xiǎn　　　xiàn xiàn（xuán）xiān xiàn xiàn xiàn xiāng xiāng xiāng xiāng xiáng xiáng xiàng
冼（洗） 献 县　　　鲜 宪 羡 线 相 香 襄 乡 祥 降 项

xiàng xiàng xiàng xiàng xiàng xiāo xiāo xiāo xiāo xiāo xiāo xiāo xiào xiào xiào xiē xié xié
巷 芗 向 象 闌 霄 萧 蛸 肖 销 枭 晓 小 校 孝 潖 毟 毒 携

xié xié xié xié xié xié xié xiè xiè xiè xiè xiè xiè xiè xiè xīn xīn xīn xīn xīn
跌 蜀 嶲 斜 胁 劦 契 颉 殢 蟹 解 泄 渫 洩 爕 谢 琧 莘 欣 辛 新

xīn xīn xīn xín　　　xīn xìn xīng xíng（niè）xíng xíng xíng xìng xìng xìng xìng
忻 心 诉 杺（飏） 信 衅 刑 幸　　　邢 荇 行 杏 兴 涬 姓（牧、

xióng xióng xióng xiū xiū xiù xiù xiù xū xū xū xū xū yū xū xū xū xú
售） 雄 夐 熊 脩 修 秀 袖 绣 琐 圩 戌 需 虚 吁 盱 须 胥 徐

xú xú xǔ　　　xǔ xǔ xǔ xǔ xù xù xù xù（chù） xù xù xù xù xuān xuān
徐 鉏 祁（许） 鄦 栩 侚 许 叙 旭 序 畜　　　恤 绪 续 媚 亘 萱

xuān xuān xuān　　　xuán xuán xuán xuán xuǎn xuǎn xuàn xuàn xuē xuē xuē xué xuē xūn xūn
宣 褖 儇⑬ 炫 旋 玄 纟 选 烜 铉 炫 薮 薛 嶭 学 穴 薰 勋

xún xún xún xún xún xún xún xún xún xún xún xùn
枸 荀 蕁 旬 郇 蕁 峰 寻 鄩 飐 训

Y

yā yā yá yá yá yǎ yà yà yà yà　　　yān yān yān yān yān yān yān yān
押 鸦 厓 牙 衙 雅 亚 容 轧 岂⑭ 焉 鄢 傿 阉 煙 烟 淹 严

yán yán yán yán yán yán（qiān）yán yán yán yán yán yán　　　yǎn yǎn yǎn yǎn yǎn
菅 盐 研 岩 延 铅 言 闫 阎 颜 � 奄（鄣） 眼 偃 衍 兗 剡

(shàn) yǎn yàn yàn yàn yàn yàn yàn yāng yāng yāng yáng yáng yáng yáng yáng

演燕艳砚雁(鴈)晏彦荚鞅秧鸉[15]杨扬洋羊

yáng yǎng yǎng yǎng yāo yāo yáo yáo yáo yáo yáo yáo yáo yáo yáo yáo yào yào

阳仰敫养腰幺(么)尧摇傜徭铫繇爻谣姚溔药耀

yào yé yé (tú、chá、shū) yé yě yě yě yě yè yè yè yè yè yī yī

钥耶荼 苉野(埜)虵冶也掖业邺液谒一壹

yī yī yī yī yī yī yí yí yí yí yí yí yí yí yí yí yí yǐ yǐ yǐ yǐ

医依伊猗衣祎颐夷贻遗哆移仪怡沂宜齮蚁蛾倚锜

yǐ yǐ yǐ yǐ yì yì yì yì yì yì yì yì yì yì yì yì yì yì yì

扆乙以矣懿(**懿**)耴卣弋肄易曎睪佚义刈釴亦意奕

yì yì yì yì yì yì yì yì yīn yīn yīn yīn yīn yīn yīn yīn yīn yín yín yín yín

毅裔益浥异羿翼驿**霒**霠因捆殷音闉禋阴鄞吟银[illegible]

yín yín yǐn yǐn yǐn yìn yìn yìn yīng yīng yīng (yìng) yīng yíng yíng yíng yíng yíng yǐng yǐng

闇寅尹引隐仰[illegible]印英婴应 䧹营盈[illegible]嬴瀛郢颍

yǐng yōng yōng yōng yóng yóng yǒng yǒng yǒng yǒng yòng yōu yōu yōu yóu yóu yóu yóu yóu

颖庸鄘雍颙**[illegible]**甬涌永勇用鄾幽优耽尤由邮犹

yóu yóu yóu yóu yóu yóu yǒu yǒu yǒu yǒu yǒu yǒu yòu yòu yòu yòu yòu yòu yū yū yú

遊油游油游猷酉有友脩牖羑右鼬宥祐又幼迂纡于

yú yú yú yú yú yú yú yú yú yú yú yú yú yú yǔ yǔ yǔ yǔ yǔ yǔ yù

盂邘榆舆禺愚虞臾余俞鱼馀於渔与楀圉庾宇羽翊

yù yù yù yù yù yù yù yù yù yù yù yù yù yù yù yù yù yù yù yù yù

玉蔚郁遇喻毓鄓[illegible]御愈欲[illegible]育浴誉谕裕聿尉豫遹

yù yù yuān (yuàn) yuān yuān yuān yuān yuán yuán yuán yuán yuán yuán yuán yuán yuán

鬻[illegible]苑 蜎傆鸳渊元袁垣苑原[illegible]援员园

yuán yuán yuán yuán yuán yuán yuán yuǎn yuàn yuē (yāo、yào、dì) yuè yuè yuè yuè

溒源榬**爰溒**辕[illegible]远院约 栎嶽(岳)月岳

yuè yuè yún yún yún yún yún yún yǔn yùn yùn yùn yùn yùn yùn

郥悦云[illegible]芸郧匀妘允运[illegible]孕韵(韻)恽郓

Z

zá zá zāi zāi zāi zǎi zài zài zài zǎn zǎn zàn zāng zhāng zhàng zāo zǎo zǎo

砸 雥 栽 哉 灾 宰 载 戴 在 昝 昝 酂 臧 瓒 丈 糟 枣 藻

zào zé zé zé zé zé zè zēng(céng) zēng(céng) zēng zēng zī zī(zǐ) zī zī zī

造 莲 迮 则 箦 泽 戻 曾 鄫 缁 缯 葘 訾 兹 兹 资

zī zī zǐ ⑯ zǐ zǐ zǐ zì zì zōng zōng zōng zōng zōu zōu zōu zōu zōu

鹚 丝 赼 梓 紫 子 自 字 毵 蹤 踪 宗 趣(掫) 掫 聚 鲰 邹

zōu zōu(zú) zú zú zú zú zú zú zú zú zú zú zǔ zǔ zuān zuān zuàn zuǎn zuì

驺 錾 足 偬 鈼 鏉 铼 鎐 鎊 鎽 卒 族 俎 祖 黥 酂 钻 纂 最

zūn zūn zūn zūn zuó zuó zuó zuó zuǒ zuǒ zuǒ zuò zuò zhā zhá zhá

樽 罇 鳟 遵 穛 昨 稓 穛 ナ(后作"左") 左 佐 作 阼 查 揸 闸

zhǎ zhà zhái zhái zhǎi zhài zhài zhài zhān zhān zhān zhān zhān zhǎn zhǎn zhàn zhàn zhàn zhàn

喳 乍 翟 陀 窄 砦 祭 鄨 占 瞻 詹 旃 毡 辗 展 栈 战 湛 绽

zhāng zhāng zhāng zhǎng zhǎng zhāo zhāo zhāo zhāo zhāo zhāo zhāo zhǎo zhào zhào zhào

章 彰 张 掌 仉 朝 嘲 招 鼂 昭 晁 钊 伥 赵 照 兆

zhào zhào zhào zhào(shào) zhé zhé zhé zhé zhé zhě zhě zhè zhè zhēn zhēn zhēn zhēn

桃 庳 肇 召 耴 乢 折 哲 辄 者 赭 柘 斥 珍 甄 斟 真

zhēn zhēn zhēn zhēn zhēn zhēn zhēn zhèn zhèn zhēng zhēng zhēng zhèng zhèng zhèng zhī

贞 针 箴 祯 枕 辚 轸 振 镇 征 铮 争 正 政 郑 支

zhī zhī zhī zhī zhī zhī zhí zhí zhí zhí zhǐ zhǐ zhǐ zhǐ zhì zhì zhì zhì zhì zhì zhì

枝 芝 则 脂 之 直 植 执 殖 稟 芷 止 只 纸 志 豑 挚 致 郅 帙 蛭

zhì zhì zhì zhì zhì zhì zhì zhì zhì zhì zhōu zhōu zhōu zhōu zhòu zhòu zhōng zhōng

智 稚 雉 制 质 廙 挚 袭 治 彘 舟 周 州 粥 胄 昼 中 忠

zhōng zhōng zhōng chóng zhǒng zhòng zhòng zòng zhū zhū zhū zhū zhū zhū zhū zhú zhú

钟 衷 终 重 种 仲 众 纵 珠 朱 邾 侏 铢 洙 诸 竹 竺

zhú zhǔ zhǔ zhù zhù zhù zhù zhuān zhuān zhuān zhuān zhuān zhuǎn zhuàn(zhuàn) zhuàn zhuāng

烛 丶 主 壴 逗 柱 助 专 鄟 颛 鱄 转 篆 庄

zhuàng zhuī zhuī zhuì zhǔn zhuō zhuó zhuó zhuó zhuózhuó zhuó

壮 追 骓 锤 准 卓 桌(椓) 淖 茁 偌 濯 禚

214

二、多字姓(复姓)

1.双字姓

bá bá	bǎi lǐ	bái mǎ	běi guō	bó chǎng	cǎi yáng
拔拔	百里	白马	北郭	伯赏	采阳

chán yú	chì luó	chún yú	cháng liǔ	lù lǐ
单于	叱罗	淳于	长柳	角里(角里)

cháng wú	cháng sāng	chī liū	dá xī
长梧	长桑	吃𠺕(西夏人姓)	达奚

dàn tái	dì yī	dì èr	dì sān	dì sì	dì wǔ	dì liù
澹台	第一	第二	第三	第四	第五	第六

dì qī	dì bā	dǒng è	dōng fāng	dōng guō	dōng mén
第七	第八	董鄂	东方	东郭	东门

dōng rì	duàn gān	duān mù	fēn sāng	fù chá	gōng liáng
冬日	段干	端木	芬桑	富察	公良

gōng yáng	gōng yě	gōng sūn	gōng xī	gōng zǐ	gōu kàng
公羊	公冶	公孙	公西	公子	缑亢

gǔ chéng	gǔ liáng	guī hǎi	guī yáng	hán dān	hè lán
古成	谷粱	归海	鲑阳	邯郸	贺兰

hè lián	hú lǜ	hú qiū	hū yán	huáng fǔ
赫连	斛律	壶丘	呼延(呼衍)	皇甫

jiā gǔ	jì sūn	jìn chǔ	jùn méng
夹谷	季孙	晋楚	儁蒙(西羌复姓)

kē bá	kuàng hòu	lè zhèng	liáng qiū	líng guān	lìng hú
柯拔	况后	乐正	梁丘	泠沦	令狐

lù fèi	lú qiū	mǎ fú	mǎ jiā	mèng sūn	mò hā
陆费	闾丘	马服	马佳	孟孙	墨哈

mò hé	mò qí	mù róng	nà lán	nán gōng
貊貉	万俟(萬俟)	慕容	纳兰	南宫

nán mén	nián ài	ōu yáng	pǔ lǔ	pú yáng	qī diāo
南门	年爱	欧阳	普卤	濮阳	漆雕

qí guān
丌官（亓官）

qiáo dá
谯笞

qīng niú
青牛

qǐ lǐ
绮里

qù jīn
去斤

rǎng sì
壤驷

ruò gān
若干

rǔ yán
汝鄢

sān niǎo
三鸟

shuǎng jiū
爽鸠

shù cháng
庶长

sī duó
司铎

sī gōng
司工

sī gōng
司功

sī chéng
司城

sī kōng
司空

sī kòu
司寇

sī mǎ
司马

sī tú
司徒

sī tǔ
司土

shàng fāng
尚方

shàng guān
上官

shé nài
佘佴

shēn tú
申屠

tài shū
太叔

tóng jiā
佟佳

tù huǒ
吐火

tú qīn
涂钦

tuò bá
拓跋

wáng shū
王叔

wáng sūn
王孙

wán yán
完颜

wēi hè
倭赫

wēi shēng
微生

wéi míng
嵬茗（嵬名）

wěi shēng
尾生

wén rén
闻人

wū mǎ
巫马

wǔ lù
五鹿

xī guō
西郭

xī mén
西门

xià hóu
夏侯

xiān jiě
乡姐

xiǎn yú
鲜于

xié diē
蛺跌

xīn dū
信都

xiū jiā
修佳

xuān yuán
轩辕

yǐ là
依喇

yǐ zhān
乙旃

yǒu xióng
有熊

yān zhī
阏氏

yán fǎ
闫法

yán fú
言服

yáng jué
羊角

yáng zhōng
阳终

yě xī
蚺咥⑰

（yědié）

yù chí
尉迟

yǒu qín
有琴

yǔ wén
宇文

yuè shuài
岳帅

zǎi fù
宰父

zhǎng dū
仉督

cháng sūn
长孙

zǐ chē
子车

zhōng háng
中行

zhōng lí
钟离

zhòng sūn
仲孙

zhōu yáng
周阳

zhū gé
诸葛

zōng zhèng
宗政

zuǒ qiū
左丘

2. 三字姓

ā gǔ zhàn
阿古占

bù yún gū
步云孤

guā ěr jiā
瓜尔佳

niǔ gǔ lù
钮钴禄

ní mǎ hā
尼玛哈

216

qiū mù líng shū mù lù sà kè dá shǔ ní shī
丘穆陵　舒穆禄　萨克达　鼠尼施

3. 四字姓

ài xīn jué luó hú yòu kǒu yǐn qǐ shī mí ér shǐ lí pó luó
爱新觉罗　胡右口引　乞失迷儿　矢黎婆罗

táng wù niǎo mì tū lǔ bā dǎi zhuō ér cā dǎi zì sǐ dú bó
唐兀鸟密　秃鲁八歹　拙儿擦歹　自死读膊

4. 六字姓

bǔ yán lè duō bó tái zhǔ ér chì tái wū hù
卜颜勒多伯台　主儿赤台乌祜

5. 九字姓

cuàn hán shàn sì wǔ mù yún jí gōu
爨　邯　汕　寺　武　穆　云　籍　韝[18]

6. 43 个读音未详的姓[19]

屯[20]　升[21]　牟　隙　陳　嫛　淳[22]　孥 nú　嬢[23]

嫛[24]　嬣[25]　挛[26]　邓　曁[27]　殷　笡[28]　詠　鄜[29]

鄗[30]　崔[31]　嵗　奎（传说神姓）　奎（道家仙人姓）

名（道家仙人姓）　瓫　捴[32]　溜[33]　婳[34]　嬬[35]　橬[36]　郤

東[37]　樊[38]　奎[39]　殀[40]　散　峡[41]　睦[42]　庆[43]　鲹

笏　燃[44]　嬬[45]

注释:

①据2014年7月1日《金陵晚报》A05版载:《神奇姓氏 有姓"毒"姓"死"的》(王国俊 李晨整理)。

②曹操嫡孙曹休于226年为避司马炎废魏建晋迫

害,举家南逃至鄱阳郡新义(今波阳县),改姓"操"。

③同注①。

④我国台湾省台北、花莲等地有此姓。

⑤由复姓"令狐"合写改为单姓。

⑥我国台湾省花莲有此姓。

⑦我国河北省龙化、台湾省高雄等地有此姓。

⑧彝族姓。我国云南省巍山县有此姓。

⑨我国台湾省云林、台东等地有此姓。

⑩为"芮"、"剡"二姓组合的单音姓氏。

⑪我国台湾省新竹有此姓。

⑫据云韩信被害后,其后人中有不敢再姓"韩"但又不甘忘记祖姓者,乃取"韩"字右半"韦"字为姓。

⑬我国广西壮族自治区大新县有此姓。

⑭相传岳飞被害后,其后人有不敢再姓"岳"但又不甘忘却祖姓者,乃将"岳"字上下易位为"峃",并以此为姓。

⑮系"欧阳"双字姓合字为一成"飖",改为单姓。

⑯系汉代西羌"彡姐"合字为一作"直"成为单姓。

⑰我国古代少数民族的一个姓。

⑱同注②。

⑲这43个"读音未详"的姓均采自《中华字海》,有无可注之处均随原释。

⑳我国台湾省台北市有此姓。

㉑同注⑳。

㉒《中华姓府》有载。

㉓西周铜器铭文上有此姓。

㉔同注㉓。

㉕同注㉓。

㉖我国台湾省桃源县有此姓。

㉗同注㉖。

㉘同注⑳。

㉙同注㉒。

㉚同注㉒。

㉛我国台湾省高雄、南投等地有此姓。

㉜我国台湾省高雄有此姓。

㉝同注㉒。

㉞同注㉓。

㉟同注㉓。

㊱西周金文中有此姓。

㊲我国台湾省台北有此姓。

㊳同注㊲。

㊴道家仙人姓。

㊵同注㉒。

㊶见《青稗类钞·姓名类》

㊷同注㉒。

㊸<u>唐代</u>有此姓。

㊹同注㉒。

㊺同注㉓。